Rüdiger Penthin ● Wenn Kinder um sich schlagen

Rüdiger Penthin

Wenn Kinder um sich schlagen

Trotz, Wut und Gewalt bei Kindern und Jugendlichen

Kösel

Mix
Produktgruppe aus vorbildlich bewirtschafteten
Wäldern und anderen kontrollierten Herkünften
www.fsc.org Zert.-Nr. SGS-COC-001940
© 1996 Forest Stewardship Council

Verlagsgruppe Random House FSC-DEU-0100
Das für dieses Buch verwendete FSC-zertifizierte Papier
Classic 95 liefert Stora Enso, Finnland.

Copyright © 2010 Kösel-Verlag, München,
in der Verlagsgruppe Random House GmbH
Umschlag: Elisabeth Petersen, München
Umschlagmotiv: plainpicture/Cultura
Druck und Bindung: GGP Media GmbH, Pößneck
Printed in Germany
ISBN 978-3-466-30872-9

Weitere Informationen zu diesem Buch und unserem
gesamten lieferbaren Programm finden Sie unter
www.koesel.de

Inhalt

1

Einleitung

Schwieriges, aggressives oder gar gewalttätiges Verhalten bei Kindern und Jugendlichen kann vielgestalt sein. Die heftigen Trotzanfälle des Dreijährigen und die Widerspenstigkeit mancher Kinder in der Vorpubertät sind Beispiele normalen aggressiven Aufbegehrens. Der Fünfjährige, der seine Mutter schlägt und tritt, der Achtjährige, der klaut und seine Mitschüler bedroht, oder der Zwölfjährige, der seine Mutter mit dem Messer angreift, zeigen jedoch aggressive Verhaltensformen, die als Störung des Sozialverhaltens bezeichnet werden müssen. Hier besteht die Gefahr einer kriminellen Entwicklung.

Für Sie als Eltern und für alle Erziehenden ist dieses Buch geschrieben, damit es Ihnen gelingt, solche problematischen Entwicklungen besser zu verstehen und Ihren Teil an elterlicher und erzieherischer Verantwortlichkeit für solche Entwicklungen zu erkennen. Vielleicht kann dieses Buch auch dazu ermutigen, etwas dafür zu tun, bei den eigenen Kindern solche Entwicklungen zu verhindern, und dazu beitragen, dass aus »schwierigen« Kindern keine Jugendlichen mit einem »gestörten Sozialverhalten« werden.

Als »schwierig« oder »verhaltensauffällig« können Kinder bezeichnet werden, wenn sie auffallend unruhig oder gar hyperaktiv sind, wenn sie nie zuzuhören scheinen, wenn sie ungehorsam sind oder frech, zu Wutausbrüchen neigen oder signifikant aggressiv in ihrem Handeln sind. Eine »Störung des Sozialverhaltens« hingegen ist eine medizinisch-psychologische Diagnose, die dann gestellt wird, wenn diese genannten Auffälligkeiten ein gewisses Maß überschreiten und immer wieder oder dauerhaft auftreten oder gar kriminelle Verhaltensweisen hinzukommen. Bei vielen Kindern und Jugendlichen mit einer Störung des Sozialverhaltens liegt gleichzeitig eine Aufmerksamkeitsdefizit-Hyperaktivitätsstörung vor, mit Neigung zu körperlicher Unruhe, Unachtsamkeit, Impulsivität und mitunter auch überschießenden Wutausbrüchen, aber eben nicht bei allen dieser Kinder und Jugendlichen. Dieses Buch will die verschiedensten Facetten und Ursachengefüge auffälligen Sozialverhalten verstehbar machen.

Fehler im Umgang mit Kindern machen wir alle, immer mal wieder. Dadurch nehmen Kinder keinen Schaden, solange sie sich geliebt, angenommen und geachtet fühlen – so wie sie sind. Schaden nehmen Kinder aber dann, wenn elterliches Fehlverhalten *immerwährend* auf sie einwirkt, wenn sie in einer dauerhaften Atmosphäre der Spannung, der Angst oder des »Nicht-beachtet-Werdens« aufwachsen. Das Buch soll dazu beitragen, Ihren Blick für solche Fehlentwicklungen zu schärfen, und Sie ermutigen, sich lieber früher als zu spät beratende Hilfe oder therapeutische Begleitung zu holen. In diesem Buch sind im Kapitel 6 Besonderheiten für die verschiedenen Entwicklungsphasen aufgeführt. Sie profitieren am meisten, wenn Sie auch dieses Kapitel komplett lesen und sich nicht nur die Informationen über die Altersstufe, in der sich Ihr Kind aktuell befindet, ansehen.

In den Medien wird immer wieder das Bild von zunehmender Kinder- und Jugendgewalt verbreitet. In der Tat zeigt sich in der polizeilichen Kriminalstatistik, dass bei rückläufiger Gesamtkriminalität Gewaltdelikte – vor allem die gemeinschaftlich begangene Körperverletzung durch Jugendliche und Heranwachsende – in den letzten zehn Jahren zunahmen (Bericht zur Innenministerkonferenz, Herbstsitzung 2007). Jugendliche zwischen 14 und 18 Jahren traten 2007 doppelt so häufig als Gewalttäter im Rahmen der polizeilichen Kriminalstatistik in Erscheinung als noch 1993 (Baier 2009). Es ist jedoch zu beachten, dass die Daten aus derartigen polizeilichen Kriminalstatistiken mit Vorbehalt zu interpretieren sind. Die Zahl der Straftatverdächtigen, die in polizeilichen Kriminalstatistiken erfasst wird, hängt davon ab, welche Aufklärungsbemühungen seitens der Polizei, der Bevölkerung und der Öffentlichkeit existieren. Außerdem werden in der polizeilichen Kriminalstatistik *Tatverdächtige* registriert und nicht rechtskräftig vom Gericht für schuldig befundene Täter. In der Gruppe der Tatverdächtigen können sich somit auch Unschuldige befinden.

Schülerbefragungen in der 9. Schulklasse durch das Kriminologische Forschungsinstitut Niedersachsen ergaben bezüglich der Entwicklung von Gewaltbereitschaft in den letzten Jahren ein etwas ermutigenderes Bild: Der Anteil der Jugendlichen dieses Alters, die im Verlauf des letzten Jahres vor der Befragung eine Gewalttat ausübten, sank von etwa 20 Prozent im Jahr 1998 auf 17 Prozent im Jahr 2005. Trotzdem: Fast ein Fünftel aller Jugendlichen gibt an, gewalttätig zu sein. Das ist erschreckend und wird durch eine andere Erhebung, die sogenannte KiGGS-Studie, bestätigt. In dieser Untersuchung wurden zwischen 2003 und 2006 über 17 000 Kinder und Jugendliche bis 17 Jahre durch das Robert-Koch-Institut untersucht und befragt. Etwa 27 Prozent der Jungen zwischen elf und 17 Jahren und 13,5 Prozent der Mädchen gaben an, im letzten Jahr gewalttätig gewesen zu sein. Vandalismus und Diebstahl sind an allen Schulformen zu beobachten. Körperliche Gewalt tritt jedoch an Gymnasien deutlich seltener auf als an Real-, Haupt- oder Förderschulen. Aktuelle Erhebungen zeigen, dass im Bereich der weiterführenden Schulen drei bis vier Prozent aller Schülerinnen und Schüler Opfer von länger (über einem Jahr) andauernder Schikane und Mobbing sind.

Schon in den 1980er-Jahren ergaben repräsentative Befragungen von Jugendlichen, dass mehr als 75 Prozent der Jugendlichen schon einmal strafbare Delikte begangen hatten. Wenngleich somit Gesetzesübertretungen bei vielen Jugendlichen scheinbar zum Prozess des Erwachsenwerdens dazugehören und sich die Neigung zu Gesetzesübertretungen bei den meisten Jugendlichen wieder verliert, sollten diese Delikte nicht gebilligt werden, da auf der anderen Seite immer Geschädigte und Opfer stehen.

Damit es erst gar nicht so weit kommt, möge dieses Buch dazu beitragen, dass Trotz, Wut und Gewalt bei Kindern und Jugendlichen altersgerecht vorgebeugt oder frühzeitig entgegengewirkt werden kann.

2

Melanie und Ron

Beispielhafte Lebensgeschichten zur Entwicklung von Verhaltensauffälligkeiten

Den Entwicklungsprozess vom »schwierigen Kind« hin zur »Störung des Sozialverhaltens« bei Kindern möchte ich im Folgenden in Form zweier beispielhafter Lebensgeschichten eines Mädchens und eines Jungen beschreiben. Die Namen in diesen Geschichten sind frei erfunden.

Auch wenn Ihr Kind zu der Gruppe von Kindern gehört, die einfach nur auflehnend, trotzig oder oft wütend sind und ihre aggressiven Gefühle nicht zügeln können, ist es hilfreich, die folgenden Fallbeschreibungen auf sich wirken zu lassen. Lassen Sie sich durch diese zum Teil extrem und bewusst überspitzt formulierten Geschichten nicht abschrecken: Man kann daran gut erkennen, über welche Wege Kinder ein problematisches und schwieriges Sozialverhalten entwickeln können. Und wie Sie Ihrem Kind helfen können, mit seiner Wut angemessener umzugehen und keine problematische Verhaltensstörung zu entwickeln, ist in Kapitel 6 ausführlich beschrieben.

Melanie wurde zwei Monate zu früh geboren. Anfangs musste sie in einer Kinderklinik liegen, sie brauchte Atemhilfe auf einer Intensivstation, da sie noch sehr schwach war. Sie wog bei ihrer Geburt nur 1 600 Gramm. Melanies Mutter war bei ihrer Geburt 17 Jahre alt und besuchte die 9. Hauptschulklasse, Melanies Vater war 21 Jahre alt. Mutter und Vater lernten sich etwa ein Jahr vor Melanies Geburt kennen, in einer Disco, die Melanies Mutter schon seit drei Jahren regelmäßig besuchte. Und dann war Melanies Mutter Heike plötzlich schwanger. Eigentlich hatte sich Heike bei Maik, Melanies Vater, die Geborgenheit gewünscht, die sie von ihren eigenen Eltern nie erhalten hatte. Aber Heikes Sehnsucht nach Wärme und Nähe wurde bei Maik nicht erfüllt. Nun war sie ungewollt schwanger. Was sollte sie nur mit so einem kleinen Baby anfangen? Sie war doch selbst noch ein bedürftiges Kind. Maik reagierte auf die Nachricht der Schwangerschaft ärgerlich. So hatte sie ihn noch nie erlebt, als ob alles ihre Schuld wäre! Diese Zornesausbrüche erschreckten und verunsicherten sie sehr. Sie konnte mit ihm über wirklich wichtige Dinge nie richtig reden.

Maik hatte den Hauptschulabschluss absolviert, eine Berufsausbildung hatte er jedoch nicht. Eine Arbeitsstelle ebenfalls nicht, er kümmerte sich auch nicht darum. Er wohnte zu Hause bei seiner Mutter. Seine Mutter hatte es sehr schwer. Sie jobbte in verschiedenen Stellen, ging putzen und trug Zeitungen aus. Das Geld reichte weder vorn noch hinten, aber sie schaffte es nicht, ihren Sohn dazu zu bringen, seinen Teil zum gemeinsamen Lebensunterhalt beizutragen. Immer hatte sie alles für ihn gemacht. Aber er war sehr fordernd und nicht so leicht zufriedenzustellen. In der Schule wollte er immer die gleichen Edelklamotten haben wie die anderen. Und sie, seine Mutter, versuchte, ihm das zu ermöglichen. Er sollte es besser haben als sie. Sie hatte sich als Kind von den eigenen Eltern stark ausgebeutet gefühlt. Sie bekam nie Taschengeld, musste schon als Siebenjährige ständig die Wohnung in Ordnung halten, putzen, den Abwasch machen und oft sogar fürs Essen sorgen. Wenn sie mittags aus der Schule kam, lag ihre Mutter schon wieder angetrunken im Bett, und wo der Vater war, das wusste sie oft gar nicht.

Und nun war Maik schon 21 Jahre alt, hatte keine Ausbildung, keine Arbeit, und seine Mutter grübelte, ob sie nicht vielleicht doch etwas falsch gemacht hatte. Als Maik elf Jahre alt war, stand eines Abends das erste Mal ein freundlicher Polizist vor der Tür und eröffnete ihr, dass Maik einen Zigarettenautomaten aufgebrochen habe. Das war der Anfang von Maiks krimineller Schiene. Immer wieder brach er ein. Er brauchte immer Geld, um sich die teuren »Klamotten« zu leisten, in denen er sich so »cool« fühlte. Außerdem begann er schon früh zu rauchen, was ebenfalls viel Geld kostete. Das, was sie als seine Mutter redlich verdiente, reichte nicht aus, ein normales Leben zu führen und zusätzlich Maiks finanzielle Unersättlichkeit zu befriedigen.

Maiks Mutter wusste nicht genau, was er wirklich alles »verbrochen« hatte. Sie musste arbeiten und war oft außer Haus. Somit bekam sie wenig von dem mit, was er nachmittags alles machte. Auch über seine Freunde wusste sie wenig. Er sprach nicht mit ihr darüber und sie traute sich nicht, genau zu fragen, da er dann oft genervt und ungehalten reagierte. Sie hatte sich oft Hilfe für Ihren Umgang mit Maik gewünscht. Aber Maiks Vater hatte sie schon verlassen, als Maik noch ein Baby war. Sie traute sich nicht, Hilfe beim Jugendamt einzufordern. Das war ihr unangenehm. Das Amt schaltete sich erst ein, als Polizei und Gericht mit im Spiel waren.

Heike und Maik zogen auf Drängen von Heikes Eltern in ihre elterliche Wohnung. Es war sehr eng, sie lebten von Sozialhilfe. In dieser Enge spürte Heike, dass oft Nervosität und Aggressivität in der Luft lagen. Maik und ihr Vater hätten sich einmal sogar beinahe geprügelt. Warum es dazu kam, wusste sie nicht genau. Jedenfalls waren die beiden auch nicht mehr nüchtern. Die ängstigende aggressive Atmosphäre und die Enge machten sie nur noch nervöser. Sie rauchte ziemlich viel, obwohl sie wusste, dass das für ihr Baby schlecht war. Aber sie versuchte, mit allen Mitteln ruhig zu bleiben und ihren Vater nicht zu verärgern und dann Gefahr zu laufen, hochschwanger mit einem Freund, der ihr im Grunde genommen keine Stütze war, vor die Tür gesetzt zu werden.

Plötzlich kamen die Wehen, sie verlor ihr Fruchtwasser und musste mit dem Krankenwagen in die Klinik gebracht werden. Und dann war Melanie auch schon da. Aber dieses kleine, zerbrechliche, unreife Wesen löste in ihr keine Freude aus. Sie war enttäuscht und deprimiert. Melanie war kein einfaches Baby. Sie schrie viel, spuckte oft ihre Nahrung aus und war nur schwer zufriedenzustellen. Heike war nervlich oft sehr angespannt. Diesem schreienden, kleinen Bündel konnte sie keine warmen, liebevollen, mütterlichen Gefühle entgegenbringen, wo sie doch selbst so bedürftig nach Geborgenheit und Wärme war. Und nun sollte sie ihrem Baby etwas geben, was sie selbst nicht hatte und selbst so dringend benötigte. Natürlich fütterte sie Melanie, wenn sie Hunger hatte, sie wickelte sie, so oft es notwendig war. Äußerlich sollte es ihr an nichts mangeln. Aber wenn das Baby dann trotzdem schrie und unglücklich war, fühlte sich Heike hilflos und unfähig. Alles zog sich in ihr zusammen, sie spürte, wie die Wut in ihr hochstieg, die Wut auf diesen kleinen schreienden Eindringling in ihr Leben. Immer wieder kam es bei ihr selbst zu Explosionen ihrer Wut, sie schrie ihr Baby an, brüllte wie von Sinnen und hätte es am liebsten geschlagen. Maik war ihr zudem keine Hilfe. Er war oft nicht zu Hause, ohne dass Heike wusste, was er machte und wo er war. Wenn er plötzlich und unverhofft nach Hause kam, war er meistens schlecht gelaunt und reagierte auf Melanies Schreien noch viel heftiger als Heike. Mehr als einmal fasste er das Baby ruppig an und drohte auch Heike mit Gewalt.

Bedeutsam für die *erste Stufe der Entstehung problematischen Verhaltens* bei Kindern sind *ungünstige Erlebnisse in der Familie.* Schon im ersten Lebensjahr erfuhr Melanie Gewalt und das Gefühl, nicht geliebt zu sein. Sie konnte kein Vertrauen zu ihren ersten Bezugspersonen in ihrer Familie entwickeln. Da Melanie von ihren Eltern nie gezeigt wurde, dass sie liebenswert und ein tolles Baby war, konnte sich auch kein grundlegend stabiles Selbstwertgefühl entwickeln (vgl. Kapitel 4: »Psychosoziale Risiko- und Schutzfaktoren«).

Melanie lernte erst spät krabbeln. Erst als sie etwa ein Jahr alt war, machte sie die ersten Versuche, sich krabbelnd fortzubewegen. Die ersten freien Schritte machte sie erst mit eineinhalb Jahren. Melanie selbst war mit dieser Situation merklich unzufrieden. Schon als sie knapp neun Monate alt war, erwachte ihr Bedürfnis, ihre häusliche Lebensumwelt zu erkunden. Wie gerne wäre sie zum nahe stehenden Tisch gekrabbelt oder hätte den in zwei Meter Entfernung liegenden bunten Ball in ihren Händen gehalten! Sie verzweifelte schier an der Unmöglichkeit, diese Dinge zu erreichen, und schrie viel vor Zorn und Hilflosigkeit.

Heike kannte Melanies Bedürfnisse nicht, sie hatte ja nie gelernt, auf Babybedürfnisse zu achten. Andererseits machte es ihr die bestehende innere Mauer zwischen ihr und ihrem Baby sowieso sehr schwer, sich auf Melanie einzulassen. Heike verstand nicht, dass Melanies Jammern einer eigentlich gut verständlichen Unzufriedenheit und Hilflosigkeit entsprang. Melanie wollte mehr, als sie konnte, und das machte sie natürlich unzufrieden. Stattdessen empfand Heike Melanie als »böse« und »nervtötend«. Wenn Melanie schrie, wurde sie in ihr Bett gesteckt und die Tür zum Zimmer wurde verschlossen. Denn Heike konnte Melanies Geschrei nicht ertragen. In ihrer Verzweiflung schrie Melanie immer lauter und intensiver, manchmal auch über Stunden, sie wollte einfach nicht aufgeben. Meistens war es dann Heikes Mutter, die das herzzerreißende Geschrei nicht mehr ertragen konnte und Melanie dann befreite. Jedoch auch die Oma war nicht begeistert von Melanies Geschrei. Sie setzte sie dann meist in den »Wipper«, gab ihr ein paar Spielsachen und war froh, wenn Melanie endlich still war.

Melanie lernte schon sehr früh Gefühle wie Hilflosigkeit, Verzweiflung und Wut über ihr Allein-gelassen-Sein kennen. Sie spürte aber auch, dass ihr lautstarker Protest immer zum Ziel führte, doch hochgenommen zu werden, um einen kurzen zwischenmenschlichen Kontakt, und sei es zur Oma, zu erleben. Wenn dieser Kontakt meist auch nicht sehr liebevoll geprägt war, so spürte sie doch, dass ihr irgendeine Art von Aufmerksamkeit geschenkt wurde, wenn sie nur ausdauernd genug schrie. Sie spürte jedoch auch, dass dieser zwischenmenschliche Kontakt sehr rasch abbrach, wenn sie ruhig in ihrem »Wipper« spielte. Sie lernte somit, dass ruhiges, friedliches Spielen immer wieder mit Kontaktabbruch bestraft wurde (Oma und Mutter waren froh, endlich ihre Ruhe zu haben, und zogen sich von Melanie zurück).

Somit hatte sich eine verhängnisvolle Lernerfahrung bei Melanie festgesetzt, nämlich die Erfahrung, vor allem durch »schwieriges«, lautstarkes und aggressives Verhalten Aufmerksamkeit zu bekommen. Dabei spielt es keine Rolle, dass diese Aufmerksamkeit negativ getönt war (genervter, nicht einfühlsamer Umgang mit dem Baby). Wir Menschen sind von Natur aus Lebewesen, die Beachtung und Aufmerksamkeit benötigen. Daher ist es vielen Kindern lieber, negative Aufmerksamkeit zu erhalten als gar keine Aufmerksamkeit (vgl. Kapitel 4: »Psychosoziale Risiko- und Schutzfaktoren«). Mit dieser Erfahrung im Familienumfeld ist die *erste Stufe der Entstehung eines problematischen Sozialverhaltens* eingeleitet.

Mit zunehmender Bewegungsmöglichkeit (Krabbeln, Laufen) versuchte Melanie, ihre Umgebung in ganz natürlicher Weise zu erkunden. Da sie wegen ihrer vorzeitigen Geburt und der vielen Probleme in den ersten Lebenswochen eine Entwicklungsverzögerung vor allem im Bereich der Bewegungsentwicklung zeigte, misslang Melanie vieles. Einmal hielt sie sich an der Tischdecke fest und zog diese mitsamt Gläsern und Tassen vom Tisch. Nicht nur bei dieser Ungeschicklichkeit, sondern auch bei anderen »zerstörerischen Erkundungen« ihrer Umwelt reagierte Heike immer wieder sehr aggressiv. Sie schrie Melanie an und schlug ihr mehrfach auf die Hände und ins Gesicht. Da Melanie, wenn sie sich ruhig und freundlich verhielt, jedoch nie die Aufmerksamkeit erhielt, die sie brauchte, lernte sie sehr schnell, sich durch zerstörerisches Verhalten in den Mittelpunkt der Aufmerksamkeit ihrer Eltern zu rücken. Außerdem lernte sie von klein auf, dass laute Sprache, unfreundliche Worte und ruppiger Körperkontakt scheinbar die »normale« Art sind, wie Menschen miteinander umzugehen pflegen.

Durch dieses Lernen am »Vorbild« der Eltern (»*Lernen am Modell*«, s. Seite 32) kam es immer häufiger zu unangenehmen Verhaltensweisen, die dann wiederum von ihren Eltern mit ruppiger Bestrafung und einer feindseligen Atmosphäre »geahndet« wurden.

Melanies »schwieriges Verhalten« blieb bestehen. Ständig erntete sie von ihren Eltern heftiges Gebrüll oder gar Schläge. Trotzdem war Melanie nicht in der Lage, ihr Verhalten zu ändern. Die Reaktionen ihrer Eltern waren für sie keine unangenehme Strafe, sondern »Zuwendung«. Außerdem war es ihr nicht möglich, eine ihrem Alter entsprechende normale Geschicklichkeit zu erlernen, die ihr geholfen hätte, behutsamer und vorsichtiger mit den interessanten Dingen ihres Wohnumfeldes umzugehen. Denn aufgrund der frühen Geburt hatte ihr junges Nervensystem Sauerstoffmangel und andere Stressfaktoren erleiden müssen, alles Dinge, die sie dauerhaft beeinträchtigten. Daher war sie in der Bewegungsentwicklung, der Sprachentwicklung und im Lernvermögen eingeschränkt. Ihre Eltern schienen diese Zusammenhänge jedoch nicht zu verstehen. Das aggressive elterliche Verhalten gegenüber Melanie wurde im Laufe der Zeit weniger. Die Eltern waren frustriert, dass »nichts half«. Also ließen sie Melanie im Rahmen ihrer eigenen elterlichen Ermattung und Bequemlichkeit einfach machen.

Die Eltern ersetzten ihr gewalttätiges Verhalten gegenüber Melanie durch vernachlässigende Gleichgültigkeit. Auf diesen »Entzug von Aufmerksamkeit« reagierte Melanie mit verstärktem »schwierigen Verhalten«, um vereinzelt die bekannten aggressiven Zuwendungen ihrer Eltern zu erhalten.

Bei Melanie kam es jetzt immer wieder zum dringenden Bedürfnis, sich durchsetzen zu wollen. Die wenigen »trotzigen« Zornesausbrüche, die auftraten, waren jeweils sehr beeindruckend. Einmal kam es zu einer Szene im Supermarkt, als Melanie unbedingt die bunten Bonbons an der Kasse haben wollte. Sie griff mit beiden Händen in den Bonbontopf, und als Heike die Bonbons wieder zurücklegen wollte, begann Melanie zu schreien, warf sich auf den Boden, kreischte und wälzte sich. Heike war diese Situation äußerst peinlich, schnell gab sie Melanie die Bonbons zurück, das Geschrei verstummte sofort. Heike vermied in Zukunft solche Auseinandersetzungen. Melanie erhielt fast alles, was sie haben wollte. Zu Trotzanfällen kam es nur selten, da Heike keine Regeln aufstellte und keine Grenzen setzte. Melanie bekam alle möglichen Süßigkeiten und Spielsachen, nur damit sich Heike in ihrer Überforderung und Bequemlichkeit nicht diesen Auseinandersetzungen stellen musste. Melanie bekam jedoch keine Liebe. Sie lernte aber in dieser Lebensphase das Gefühl der Macht kennen. Macht gegenüber Heike, ihrer Mutter. Diese Machtgefühle wurden zu einem Ersatz für das nicht vorhandene Gefühl, geliebt zu werden.

»Trotzverhalten« ist ein Zeichen sich entwickelnden eigenen Willens, des Bedürfnisses, sich durchzusetzen. Dieses Verhalten ist natürlich, die Kinder gehen dadurch einen Schritt in Richtung Selbstständigkeit.

Mit knapp drei Jahren kam Melanie in den Kindergarten. Schon am ersten Tag im Kindergarten bemerkte die betreuende Erzieherin, dass Melanie anders war als die meisten Kinder. Es schien, als ob Melanie die Erwachsenen und anderen Kinder gar nicht wahrnehmen würde. Melanie blickte nicht zurück zur Oma, die sie gebracht hatte, sie registrierte nicht die freundlich auf sie zugehende Erzieherin, sie sah offensichtlich nur die reichlich vorhandenen Spielsachen, stürmte in den Gruppenraum und zerstörte zielstrebig einen hohen Bauklotzturm, der gerade von einigen älteren Kindern in mühevoller Arbeit aufgebaut worden war. Auf den fragenden Blick der Erzieherin sagte die Großmutter, dass Melanie immer so sei. Sie sei immer laut, wild und zerstörerisch. Hier im Kindergarten könne man ja versuchen, sie zu erziehen. Zu Hause funktioniere das nicht.

Während die Erzieherin im Gespräch mit der Großmutter einige wichtige Dinge aus Melanies Lebensgeschichte erfuhr, versuchte die zweite Erzieherin Kontakt zu Melanie zu knüpfen. Sehr schnell spürte sie jedoch, dass sich Melanie Worten, Blicken und auch dem Versuch, sie liebevoll in den Arm zu nehmen, widersetzte. Sie beobachtete Melanie zunächst und erkannte ihre hyperaktive Unruhe und ihre fehlende Begeisterungsfähigkeit für eine Sache. Melanie wirkte sprachlich unbeholfen und organisierte den Kontakt zu anderen Kindern weniger über Sprache, sondern mehr über Taten. Diese Taten waren stets zerstörerisch, sie zerriss die Bilder der anderen Kinder, brachte aufgebaute Türme zum Einstürzen, schlug und schrie. Mit der Zeit entwickelten die anderen Kinder eine regelrechte Abscheu gegenüber Melanie. Sie ließen sie nicht mitspielen, zogen sich von ihr zurück und attackierten Melanie in ihrer Hilflosigkeit ihrerseits mit Gewalttätigkeiten. Melanie zeigte sich unbeeindruckt. Letztlich verhielten sich die meisten Kinder ihr gegenüber ähnlich wie ihre Eltern.

Somit ist nun die *zweite Stufe der problematischen Sozialentwicklung* erreicht. Auch *außerhalb der Familie*, im Kindergarten oder später in der Schule, wurde Melanie für ihr Verhalten mit Ablehnung und Ausgrenzung bestraft – Erlebnisse, die Melanie jedoch nur in ihrem Verhalten bestärkten, da sie diese Art von »Aufmerksamkeit« genoss (vgl. Kapitel 4, »Mangel an emotionaler Wärme«, Seite 45 ff.).

Melanies ungünstige Entwicklung konnte im Kindergarten nicht aufgefangen werden. Die Erzieherinnen versuchten lenkend einzugreifen und empfahlen Heike immer wieder eine heilpädagogische Behandlung der Wahrnehmungsstörungen (s. Seite 36). Ihre Empfehlungen wurden von Heike jedoch nie umgesetzt. Melanie wurde im Kindergarten sprachheiltherapeutisch behandelt. Das über den Kindergarten eingeschaltete Amt für soziale Dienste (Jugendamt) zog sich nach Überprüfung der familiären Situation rasch wieder zurück, da Melanie aktuell keinen offenkundigen Misshandlungen ausgesetzt war und das wohnliche Milieu als akzeptabel eingestuft wurde. Auch in der Vorschulgruppe fiel sie durch ihr aggressives und immer wieder zerstörerisch wirkendes Verhalten auf. In der kleinen Gruppe mit 13 Kindern traf sie auch hier immer wieder auf Ablehnung, sodass der Teufelskreis aggressives Verhalten – Ablehnung – verstärktes aggressives Verhalten usw. seinen Lauf nahm. Nur ein gleichaltriger Junge in ihrer Gruppe, Ron, hatte eine ähnliche problematische Sozialentwicklung. Auch er zeigte aggressives und zerstörerisches Verhalten.

Nach jahrelanger Ablehnung, die jedoch nur zur Verstärkung des aggressiven Verhaltens führte, da keine Verhaltensalternativen zur Verfügung standen, erlebte Melanie nunmehr erstmals Akzeptanz durch ein gleichaltriges Kind, das so war wie sie.

Melanie und Ron fühlten sich magisch zueinander hingezogen. Beide spürten, dass sie ein ähnliches Verhaltenssystem entwickelt hatten. Dieses Zueinander-hingezogen-Fühlen gab auch Ron erstmalig das Gefühl, jemanden zu haben, der ihn akzeptierte. Sie ärgerten gemeinsam ihre Mitschüler, prügelten und erpressten durch Androhung von Gewalt begehrte Spielsachen von anderen. Sie fühlten sich mit ihrem Verhalten gemeinsam äußerst stark. Auch beim späteren Übergang auf die normale Grundschule blieben sie zusammen und fanden Anschluss an zwei weitere Kinder, die so waren wie sie. Der Grundstein für eine Art »Grundschulgang« war gelegt.

Somit ist die *dritte Stufe der Entstehung eines problematischen Sozialverhaltens* erreicht. Die Kinder befinden sich innerhalb und außerhalb der Schule in einer Gruppe *(Peergroup),* in der alle Beteiligten ein ähnlich gestörtes Wertesystem und ein problematisches Gemeinschaftsverhalten haben. In dieser Gruppe fühlen sich die Kinder mit ihrem aggressiven Verhalten anerkannt. Sie verbringen viel Zeit am Nachmittag und Abend miteinander. Die Eltern dieser Kinder nehmen oft nur wenig Anteil an der Freizeitgestaltung. Die Kinder machen, was sie wollen, weitestgehend ohne elterliche Kontrolle und damit auch ohne elterliche Korrektureinflüsse (vgl. Kapitel 4, »Unzureichende elterliche Aufsicht und Anleitung«, Seite 58 ff.). Diese elterliche Vernachlässigung führt bei den betroffenen Kindern erneut zu Ablehnungsgefühlen. Diese Ablehnungsgefühle schweißen die Peergroup noch enger zusammen.

Ron, Melanies Freund, hatte sich darauf spezialisiert, andere Mädchen zu ärgern, sie zu schlagen und ihnen Taschengeld abzunehmen. Ron kam aus einem völlig anderen Elternhaus. Eigentlich war er ein Wunschkind. Seine Mutter war bei seiner Geburt 29 Jahre alt, sie war schon damals beruflich selbstständig, hatte eine eigene Boutique in der Stadt. Sein Vater, zehn Jahre älter als seine Mutter, war Finanzberater und beruflich sehr eingespannt. Geld war genug in der Familie, Alkohol spielte keine Rolle, die Eltern prügelten sich nicht. Aber schon wenige Wochen nach Rons Geburt spürte Franziska, seine Mutter, die starke Belastung, die durch die Versorgung eines Babys auf sie einwirkte. Sie war ständig erschöpft, kümmerte sich aufopferungsvoll um ihr Baby. Ron musste nie lange schreien, er wurde sofort hochgenommen und gestillt, Tag und Nacht. Über die innere Anspannung im Rahmen der Überforderung entwickelte Rons Mutter schon nach wenigen Wochen Groll und Ablehnungsgefühle Ron gegenüber. Um ihr Geschäft konnte sie sich nicht mehr kümmern, die Umsätze gingen zurück und auch diesbezüglich hatte sie Sorgen. Ihr Wunschkind Ron war rasch eine Last geworden. Er schrie sehr viel, litt an Dreimonatskoliken, sie wusste überhaupt nicht mehr, was sie mit ihm machen sollte. Immer wieder schrie sie in ihrer Verzweiflung ihr Baby an, brachte es in sein Zimmer und hielt sich im Nebenraum verzweifelt die Ohren zu, da sie das erbärmliche Geschrei nicht ertragen konnte. Sie fühlte sich schuldig. Und die Beziehung zu Ron hatte einen Riss.

Friedrich, ihr Mann, war ihr keine Hilfe. Er war jeden Tag von morgens 7 Uhr bis abends 22 Uhr unterwegs, hatte auch am Wochenende Termine und zeigte relativ wenig Verständnis für ihre Not. Als Ron Krabbeln und Laufen lernte, kam es immer wieder zu Reibereien. Ron erwies sich als sehr zerstörungswütig. Mit zehn Monaten schob er immer wieder seinen Brei vom Tisch, sodass der Brei in der Küche verspritzte und seine Mutter jedes Mal der Verzweiflung nahe war. Mit 15 Monaten riss er immer wieder die CDs seines Vaters aus dem Schrank, einige gingen dabei zu Bruch. Mit zwei Jahren schlug und kratzte er seine Mutter, wann immer es ihm in den Sinn kam. Franziska fühlte sich durch ihre Schuldgefühle regelrecht gelähmt. Sie war ihrem kleinen Ron hilflos ausgeliefert und konnte ihm keinen Einhalt gebieten. Friedrich hatte natürlich auch Schuldgefühle, da er nie da war und nie zur Verfügung stand. Diese Schuldgefühle machte er sich jedoch nicht klar und gestand sie sich nicht ein. Stattdessen vertrat er die Auffassung, dass man ein kleines Kind erzieherisch nicht einschränken dürfe, es müsse sich rückhaltlos ausprobieren können. Die kleinen Zerstörungen ärgerten ihn zwar, aber auch er gebot Ron keinen Einhalt.

Als Ron neun Monate alt war, arbeitete Franziska wieder in ihrer Boutique. Ron verbrachte nun den Großteil des Tages bei seiner Großmutter, Franziskas Mutter, die ähnlich »locker« mit ihm umging.

Obwohl Ron ein Wunschkind war und aus gut situierten sozialen Verhältnissen kam, entwickelte sich bei ihm durch »*antiautoritäre Vernachlässigung*« mit vereinzelt auftretenden Jähzornesausbrüchen seiner Eltern eine ähnliche problematische Störung seines Sozialverhaltens wie bei Melanie.

Ron war zwar wie gesagt ein Wunschkind, passte jedoch nicht ins Lebenskonzept seiner Eltern. Dies war seinen Eltern jedoch zu keinem Zeitpunkt wirklich klar. Die Mischung aus Wut und Schuldgefühlen bei seiner Mutter beeinträchtigte die Beziehung zu ihm schwer. Sie zog sich schnell wieder in ihren Beruf zurück, anerkennende Aufmerksamkeit wurde ihm nie zuteil. Ab und zu, wenn es gar zu arg kam, zum Beispiel, als Ron den Lack von Vaters neuem Sportwagen zerkratzte, wurde auch Friedrich wütend. Er brüllte, außer sich vor Wut. Dann war Friedrichs Wut aber auch schnell verflogen und dieses gleichgültige, vernachlässigende Verhalten gewann wieder die Oberhand. Wenn sein Vater vor Wut tobte, fühlte sich Ron wirkmächtig. Er spürte plötzlich, dass er im Mittelpunkt stand, diese Art von Aufmerksamkeit bekräftigte sein destruktives Verhalten.

Nun kann die Geschichte verschiedene Wendungen nehmen:
Wenn die beteiligten Erwachsenen (Eltern, ErzieherInnen, LehrerInnen) weiterhin nichts unternehmen, droht die Gefahr der Entwicklung einer kriminellen Auffälligkeit:
Melanie und Ron finden in der Schule zusammen und gehen mit ihrer »Gang« einen gemeinsamen Lebensweg. Melanie stiehlt in den verschiedensten Geschäften die verschiedensten Gegenstände. In Lebensmittelgeschäften klaut sie vor allem Süßigkeiten, um ihre Sucht nach Süßem und ihr Bedürfnis, sich dadurch etwas Gutes zu tun, zu befriedigen. Außerdem wird ihr dadurch die Anerkennung in der Gruppe zuteil. Sie beteiligt sich als Komplizin bei Rons Erpressungs- und Raubaktionen. Im Alter von neun Jahren tritt in der Gruppe als weiteres Suchtverhalten das Zigarettenrauchen und der Konsum alkoholischer Getränke auf. Dadurch kommt es zu einem deutlich gesteigerten Geldbedarf, um sich dieses neue Suchtverhalten auch leisten zu können. Die Kinder brechen Automaten auf, berauben ihre Mitschüler und stehlen den eigenen Eltern das Geld aus der Geldbörse. Mit zehn Jahren werden Melanie und Ron zum ersten Mal polizeilich aktenkundig.

Die *vierte Stufe in der Entwicklung eines gestörten Sozialverhaltens* mit krimineller Auffälligkeit, beginnender Sucht und polizeilicher Reaktion ist erreicht *(Reaktion der Gesellschaft)*. Ist die Entwicklung einer Verhaltensstörung so weit fortgeschritten, gelingt es oft leider nicht mehr, die Kinder verlässlich wieder zurückzuholen.

Aber die Geschichte kann auch eine ganz andere Wendung nehmen:
In der Vorschulgruppe (Melanie) bzw. in der 1. Klasse (Ron) schafft es eine aufmerksame Erzieherin/Lehrerin, die Eltern in verschiedenen Gesprächen davon zu überzeugen, dass sie selbst und ihre Kinder professionelle Hilfe brauchen.

Melanie:
Unter Mithilfe des Amtes für soziale Dienste (»Jugendamt«) erhält Heike, Melanies Mutter, eine sozialpädagogische Familienhilfe. Jutta, die Sozialpädagogin vom Jugendamt, besuchte Heike zwei- bis dreimal pro Woche am Nachmittag. Sie kann mit ihr über ihre Alltagssorgen und ihre Lebensprobleme sprechen und ihr dabei helfen, Lösungen zu finden. Heike entschließt sich, sich von Maik zu trennen, da sie den Stress in dieser Beziehung nicht mehr erträgt. Dadurch entspannt sich das Miteinander zwischen Heike und Melanie deutlich. Heike findet mit Juttas Hilfe einen Platz in einer Ausbildungsinitiative für junge Mütter. Dadurch fühlt sie sich nicht mehr »nutzlos«, ihr Selbstwertgefühl wird besser. Melanie wird bei einer spezialisierten Kinderärztin vorgestellt, die sich mit Verhaltensschwierigkeiten bei Kindern auskennt. Bei Melanie werden verschiedene Wahrnehmungsstörungen festgestellt und der Verdacht auf eine »hyperkinetische Störung« (ADHS, s. Kapitel 3) geäußert. Dieser Verdacht bestätigt sich im Verlauf der vielen Untersuchungen.

Auch Melanie erhält eine wirkungsvolle Hilfe. In einer Ergotherapie wird ihr Gefühl für den eigenen Körper verbessert und sie kann gezielt daran arbeiten, ihr überschießendes Verhalten zu zügeln sowie ihre Konzentrationsfähigkeit zu verbessern. Jutta, die Sozialpädagogin, und Gerd, der Ergotherapeut, können Heike dabei unterstützen, mit Melanie liebevoller und konsequenter umzugehen. Zudem muss die Aufmerksamkeits- und Hyperaktivitätsstörung (ADHS) durch die Kinderärztin noch mit einem Medikament aus der Gruppe der Stimulanzien (s. Kapitel 3) behandelt werden. Diese verschiedenen Behandlungs- und Unterstützungsansätze führen dazu, dass Melanie auch andere Freundinnen findet. Sie kann sich aus der problematischen Gruppe lösen und beginnt im Verein Fußball zu spielen, ein Hobby, das sie auch in den nächsten Jahren begleitet. Mit 16 Jahren macht sie ihren Hauptschulabschluss und findet eine Ausbildungsstelle als Bäckereifachverkäuferin. Sie hat mittlerweile einige nette Freunde und Freundinnen, versteht sich mit ihrer Mutter ziemlich gut und spielt weiterhin Fußball.

Ron:
Rons Mutter Franziska ringt sich dazu durch, eine Erziehungsberatungsstelle aufzusuchen. Dort kann sie Rons und ihren gemeinsamen Lebensweg besprechen und verstehen lernen, wie es dazu kam, dass Ron so ein schwieriges Verhalten entwickelte. Sie schafft es, durch dieses Verständnis die Beziehung zu Ron zu verbessern und Friedrich, ihren Mann, mit ins Boot zu holen. Auch Friedrich nimmt sich die Zeit, an den Beratungsgesprächen teilzunehmen. Beide können Ron gegenüber wieder Zuneigung und Wärme entwickeln. Sie schaffen es aber auch, Regeln aufzustellen und diese Ron gegenüber konsequent einzufordern. Auch Ron kann sich mithilfe seiner Eltern aus der problematischen Gruppe lösen und entwickelt mit der Zeit eine Liebe für das Segeln und Surfen.

Im Sommer sind er und sein Vater ständig auf dem Wasser. Und mit zwölf Jahren gewinnt er seine erste Regatta. Ron besucht mittlerweile die 10. Klasse eines Gymnasiums und es spricht alles dafür, dass er in ein paar Jahren auch sein Abitur schaffen wird.

Je früher problematische Entwicklungen erkannt werden und Hilfen genutzt werden, desto größer sind die Chancen, Störungen des Sozialverhaltens abzuwenden. Mit sechs oder sieben Jahren kann das Ruder bei Melanie und Ron durch gemeinsame Anstrengung aller Beteiligten (Eltern, ErzieherInnen, LehrerInnen, SozialpädagogInnen, TherapeutInnen, ÄrztInnen etc.) noch herumgerissen werden. Mit zehn oder elf Jahren ist das oft nicht mehr so gut möglich. Daher: Nutzen Sie alle Chancen, wenn Sie merken, dass Ihr Kind schwierig ist, und holen Sie sich Hilfe – so früh wie möglich! Dabei will Ihnen dieses Buch helfen.

3

Aggressionen und Störungen des Sozialverhaltens

Das Wort Aggression hat seine Ursprünge in der lateinischen Sprache und bedeutet so viel wie »heranschreiten, etwas unternehmen, angreifen«. Heutzutage versteht man unter Aggression den zugrunde liegenden Kern eines Verhaltens, welches darauf ausgerichtet ist, jemanden direkt oder indirekt zu schädigen. Die Worte Gewalt und Aggression werden oft sinngleich gebraucht.

Es gibt verschiedene Ausdrucksformen von Aggression. Wir unterscheiden zum einen *impulsive Aggression*, das heißt unkontrollierte, rücksichtslose, mit den Gefühlen Ärger, Wut oder Angst verbundene Gewalttätigkeit. Die Betreffenden sind erregt, haben einen hohen Blutdruck und eine hohe Herzfrequenz. Demgegenüber steht die *instrumentelle Aggression*, die geplant, auf ein bestimmtes Ziel orientiert und auf den ersten Blick manchmal kaum zu erkennen ist. Die eben geschilderten vegetativen Erregungszeichen fehlen. Oft ist diese Art von kaltblütiger Aggression mit kriminellem Verhalten verbunden.

Jungen bevorzugen im Wesentlichen die offenen, körperlichen und direkt nach außen gerichteten Aggressionsformen – das, was allgemein als Gewalt bezeichnet wird. *Mädchen* bevorzugen eher die verdeckten, verbal ausgerichteten, indirekten Aggressionsformen (zum Beispiel Verbreiten von Gerüchten, Aufhetzen gegen andere). Aber auch die Aggressionen, die gegen sich selbst gerichtet sind, zum Beispiel Essstörungen, selbstverletzende Handlungen usw., treten bevorzugt bei Mädchen auf.

Zwei Drittel der jungen Erwachsenen mit kriminellem und dissozialem Verhalten sind schon als 13-Jährige psychiatrisch auffällig. Somit entwickelt sich die Störung des Verhaltens und Erlebens bei den meisten kriminellen Erwachsenen schon in der Kindheit, vor Eintritt der Pubertät. Wissenschaftliche Untersuchungen beschreiben verschiedene Entwicklungsverläufe bei problematischen Verhaltensweisen im Kindes- und Jugendalter (Moffitt 2002). Alle Betroffenen zeigen im jungen Erwachsenenalter Probleme im Sozialverhalten, jedoch in unterschiedlichem Ausmaß. In einer großen amerikanisch-neuseeländischen Untersuchung wurden bei sieben Prozent der Jungen schon in der frühen Kindheit aggressive Auffälligkeiten beobachtet, die sich im weiteren Entwicklungsverlauf nicht besserten. Oft entwickeln diese Kinder in der Jugend und im Erwachsenenalter kriminelle Verhaltensmuster. Andererseits gab es bei sechs Prozent aller Jungen schon in der frühen Kindheit problematische Verhaltensmuster, die in der weiteren Entwicklung zurückgingen. Bei etwa einem Viertel der männlichen Jugendlichen wurden erstmals in der Pubertät aufgetretene problematische Verhaltensmuster beschrieben, die sich jedoch nur bei einem Teil der Betroffenen mit zunehmender Reifung wieder zurückbildeten.

Theorien zur Entstehung von Aggression

Zur Entstehung von Aggressionen bei Menschen gibt es verschiedene Theoriemodelle.

Triebtheorie

Im Alter von 18 bis 24 Monaten lassen sich bei 80 Prozent aller Kinder – Jungen und Mädchen – aggressive Verhaltensmuster wie Treten, Beißen oder Schlagen beobachten. Bei Mädchen vermindern sich diese Verhaltensweisen ab dem vierten Lebensjahr deutlich stärker als bei Jungen. In der Verhaltensforschung geht man davon aus, dass dem Tier und auch dem Menschen (als »alles fressendem Säugetier«) ein angeborener Kampftrieb innewohnt. Dieser Trieb ist die Grundlage zur Selbstverteidigung und Selbsterhaltung in Konflikten mit anderen Tierarten oder seinesgleichen. Auch der Jagdtrieb zur Erlangung von Nahrung steht mit diesem Kampftrieb in Beziehung. Die Neigung zu aggressiven Verhaltensweisen hat somit eine angeborene, biologische Grundlage. Es ist zu beobachten, dass sich dieser Trieb scheinbar von Zeit zu Zeit entladen muss. Junge Füchse, junge Bären, aber auch Menschenkinder balgen und raufen miteinander (»Spaßkloppe«). Dabei handelt es sich scheinbar um eine spielerische Entladung dieses Triebes. Die Wirkung der Aggression und des Kampftriebes hinterlässt Überlegenheits- und Befriedigungsgefühle, die vom betreffenden Lebewesen als angenehm und erfolgreich erlebt werden. Solche angenehmen Gefühle wirken wie eine innere Belohnung. Das Ausleben des Kampftriebes hat somit eine befriedigende

Wirkung, es führt jedoch nicht dazu, dass sich Aggressivität und Kampfeslust vermindern.

Lerntheorie

Verschiedene psychologische Mechanismen können aggressives Verhalten begünstigen und verstärken. Belohnung führt zur Verstärkung eines Verhaltens, in diesem Fall von aggressivem Verhalten. Da das Ausleben von Aggressionen oft als erfolgreich erlebt wird, wird über diesen Verstärkungsmechanismus Aggressivität und aggressives Verhalten angeheizt. Somit kann aggressives Verhalten regelrecht »gelernt« werden. Aggressives oder gewalttätiges Verhalten kann aber auch auf anderem Wege gelernt werden. Kinder können sich derartiges Verhalten von sogenannten Vorbildern abgucken. Diesen Weg nennt man auch »Lernen am Modell«. Dieser Lernweg ist sehr wirkungsvoll.

Der alkoholisierte, gewalttätige Vater schlägt beispielsweise vor den Augen seiner Kinder die Mutter, die sich weinend und gedemütigt im Nachbarzimmer einschließt. Die verängstigten Kinder, die diese Szene erleben müssen, spüren jedoch auch den »machtvollen Erfolg«, den der Vater gegenüber der Mutter hat.

Verhalten, welches von solcher »Macht« begleitet ist, wird vom »Modell« des Vaters im oben genannten Beispiel abgeguckt und ins eigene Verhaltensrepertoire übernommen. Andererseits kann das Erleben solcher Aggressionen bei den beobachtenden Kindern zu Angst, Hilflosigkeit und dem Gefühl eigener Bedrohung führen.

Tiefenpsychologische Theorie

Solche Ängste und Bedrohungsgefühle sind für Kinder und natürlich auch für Erwachsene äußerst unangenehm. Unsere

Seele versucht solche unangenehmen, vielleicht sogar unerträglichen Gefühle und die dadurch hervorgerufenen inneren Spannungen zu lindern. Es scheint seelische Abwehr-
funktionen zu geben, die dazu führen, dass solche massiven
Ängste und Bedrohungsgefühle nicht mehr spürbar sind.
Dies gelingt unserer Seele dadurch, dass anstelle der nicht er-
träglichen Gefühle erträglichere Gefühle wie Ärger, Wut,
Hass und Zorn gesetzt werden.

*Ein Kind aus dem oben genannten Beispiel, welches die Gewalt-
tätigkeit des Vaters miterleben muss, entwickelt, um die uner-
trägliche Angst vor dem Vater nicht mehr spüren zu müssen,
stattdessen Gefühle wie Wut, Zorn und Hass gegenüber der
»schwachen« und gedemütigten Mutter. Denn Wut und Hass
gegenüber dem eigentlichen Angreifer wären für das Kind viel
zu gefährlich und würden neue Ängste erzeugen.*

Frustrations-Aggressions-Theorie

Nicht nur massive Ängste und Bedrohungsgefühle können
zu Aggressionen und Gewalt führen, auch allgemeine Frustrationen im alltäglichen Leben, Enttäuschungen und die
damit verbundenen Selbstwertprobleme sind in der Lage,
Wut, Ärger und Vergeltungswünsche hervorzurufen.

*Ein achtjähriger Junge erlebt im zweiten Schuljahr das Erlernen
von Lesen und Schreiben als etwas äußerst Unangenehmes, was
ihm nicht so recht gelingen will. Er hat Frustrationserlebnisse,
die auf diese Lernsituationen (Schule, Hausaufgaben) bezogen
sind. Der Lehrerin und den Eltern fällt auf, dass er gerade in
diesen Situationen zunehmend aggressiv und störend wird,
während er in anderen Alltagssituationen durchaus umgänglich
und friedlich ist.*

Durch bestimmte Beziehungsstrukturen (zum Beispiel Machtstrukturen, krasse Unterschiede in Besitzverhältnissen) können Aggressionen geschürt werden. Allein das Etikett »aggressives Kind« kann zur Verfestigung aggressiven Verhaltens führen, da sich dem betreffenden Kind sozusagen eine gesellschaftliche Erwartungshaltung mitteilt: »Alle denken, dass ich aggressiv und gewalttätig bin, also muss ich mich auch so verhalten, da es praktisch von mir erwartet wird.«

Weitere Ursachen für aggressives Verhalten

Ein Bündel verschiedener Ursachen kann also dazu beitragen, dass ein Kind »schwieriges Verhalten« zeigt, auffallend aggressiv, gewalttätig oder gar kriminell wird. Der eine Mensch ist von Natur aus ruhiger und friedfertiger, der andere von seinem Charakter eher lebhaft, impulsiv oder gar zu jähzorniger Aggressivität neigend. Solche körperlichen Veranlagungen und Charakterzüge unterliegen auch gewissen erblichen Faktoren.

Bei vielen Menschen mit der Neigung zu aggressiven und impulsiven Verhaltensauffälligkeiten lassen sich *Veränderungen im Zusammenspiel der Nervenbotenstoffe (Neurotransmitter)* im Gehirn nachweisen. Genetisch bedingte Veränderungen in der Wirkung des Botenstoffes Serotonin im Gehirn können zu erhöhter Aggressivität führen, genetisch bedingte Veränderungen in der Wirkung des Botenstoffes Dopamin im Gehirn können bei erhöhter Impulsivität beobachtet werden. Bei aggressiven Männern zeigen sich oft auch *Veränderungen im Hormonstoffwechsel*, zum Beispiel im Bereich der männlichen Sexualhormone. Auch Veränderungen beim Stresshormon Cortisol können bei Kindern und Erwachsenen mit Störungen des Sozialverhaltens gefunden werden.

Gerade Kinder, die schon in den ersten Lebensjahren aggressive Auffälligkeiten zeigen, neigen dazu, diese Auffälligkeiten bis ins Erwachsenenalter beizubehalten und eine sogenannte »antisoziale Persönlichkeit« zu entwickeln (mit Neigung zu Gewalt und kriminellem Verhalten). Diese schwer betroffenen Kinder zeigen zudem nicht selten wenig Mitgefühl, wenig Einfühlungsvermögen in andere Menschen sowie ausgeprägte Rücksichtslosigkeit. Bei diesen in ihrem Verhalten und Fühlen schwer beeinträchtigten Menschen gibt es oft eine *erblich bedingte Mitverursachung* dieser Probleme. Bei Jugendlichen mit problematischem Sozialverhalten, die erst ab der Pubertät diese Auffälligkeiten zeigen, scheinen eher *beeinträchtigende Lebensbedingungen* (vgl. Kapitel 4) die Ursache für die Verhaltensprobleme zu sein.

Hyperaktive Kinder mit ausgeprägter Unruhe, Neigung zu Impulsivität, Problemen, sich zu konzentrieren, und leichter Ablenkbarkeit (Aufmerksamkeitsdefizit-Hyperaktivitätsstörung oder ADHS) sind besonders gefährdet, aggressive Verhaltensstörungen zu entwickeln, wenn sie auch unter einer Störung der Impulskontrolle leiden. Eine mangelhafte Impulskontrolle zeigt sich dadurch, dass die Betroffenen plötzliche Ideen oder Wünsche nicht aufschieben können, sondern sofort in die Tat umsetzen, ohne über die Folgen nachzudenken. Sie können oft nicht abwarten oder schaffen es nicht, aufkommenden Ärger zu zügeln, sondern entwickeln mitunter heftige Jähzornes- und Wutanfälle mit Gewaltausbrüchen. Störungen der Impulskontrolle können jedoch auch ohne eine begleitende ADHS auftreten. Die Ursachen für eine ADHS sind zum Teil erblicher Natur, andererseits können aber auch Schädigungen des Kindes im Mutterleib (zum Beispiel durch

Rauchen, Drogenmissbrauch oder Alkoholkonsum) oder bei der Geburt (Sauerstoffmangel, Frühgeburt) eine solche Problematik hervorrufen. Ungünstige Erziehungshaltungen, gerade auch, wenn die Eltern selbst an einer derartigen Störung leiden, können diese Symptome noch verstärken (vgl. Kapitel 4). Etwa drei Viertel der hyperaktiven Kinder zeigen zusätzlich aggressives Verhalten.

Viele dieser Kinder mit ADHS zeigen außerdem sogenannte *Wahrnehmungsverarbeitungsstörungen*. Das heißt, ihnen fällt es schwer, Gesehenes, Gehörtes oder mit ihrem Körper Erspürtes in ihrem Gehirn weiterzuverarbeiten. Im kinderärztlichen Alltag kann man immer wieder Kinder beobachten, die anscheinend ein vermindertes Schmerzempfinden haben oder die ihren eigenen Körper nicht so gut spüren können und dadurch ungeschickter und ruppiger mit anderen Kindern umgehen. Diese Kinder fallen im Entwicklungsverlauf mitunter durch körperlich aggressives Verhalten auf, da sie vielleicht öfter frustriert sind, da ihnen viele Dinge misslingen und sie den ruppigen und für andere Kinder womöglich schmerzhaften Umgang selbst nicht als ruppig oder schmerzhaft wahrnehmen. Wahrnehmungsverarbeitungsstörungen können auch ohne eine begleitende ADHS auftreten. Sie können ebenfalls erblich bedingt sein oder durch Schädigungen im Mutterleib oder bei der Geburt hervorgerufen werden.

Außerdem treten bei vielen Kindern mit (und ohne) ADHS zusätzlich sogenannte *Teilleistungsstörungen* auf, die sich vor allem in der Schulzeit zum Beispiel in Form einer Lese-Rechtschreib-Schwäche (Legasthenie) oder einer Rechenschwäche (Dyskalkulie) bemerkbar machen und mit Frustration und Schulunlust verbunden sein können.

Hyperaktive, aufmerksamkeitsgestörte (= konzentrationsgestörte) Kinder stoßen somit im familiären und im schulischen Alltag oft auf Ablehnung, da es von Erwachsenen viel innere Kraft und Geduld erfordert, mit hyperaktiven Kindern umzugehen. Somit erfahren diese Kinder in ihrem Alltag häufig Frustrationserlebnisse, welche aggressives Verhalten hervorrufen können. Die Gefahr für Kinder mit einer ausgeprägten, unbehandelten ADHS, in der Schule zu scheitern und in der Jugend bzw. im jungen Erwachsenenalter eine Drogenabhängigkeit oder eine kriminelle Verhaltensauffälligkeit zu entwickeln, ist sehr groß. Daher ist eine frühzeitige Behandlung (Elterntraining, Verhaltenstherapie des Kindes und medikamentöse Maßnahmen) sehr wichtig, da dadurch die Entwicklung des Kindes nachgewiesenermaßen positiv beeinflusst werden kann. Bei ausgeprägter ADHS ist eine frühzeitige *medikamentöse Behandlung* mit sogenannten Stimulanzien (Behandlungsbeginn mit sechs bis sieben Jahren) in der Lage, das Risiko für die Entwicklung späterer Störungen des Sozialverhaltens und späterer Substanzabhängigkeit (Alkohol, Drogen usw.) deutlich zu senken. Der diesbezüglich am häufigsten eingesetzte Wirkstoff heißt Methylphenidat (Ritalin).

Diese medikamentösen Behandlungsmöglichkeiten werden in der öffentlichen Diskussion mitunter vehement abgelehnt, vor allem von Menschen, die nicht optimal über die Wirkungsweisen und Effekte dieser Medikamente informiert sind. Große Untersuchungen in den USA konnten eindrucksvoll belegen, dass eine gut eingestellte medikamentöse Behandlung deutlich bessere Wirkung zeigt als ein alleiniges pädagogisch-psychotherapeutisch-verhaltenstherapeutisches Hilfsangebot. Die beste Wirksamkeit bei Kindern mit Aufmerksamkeitsstörungen und Hyperaktivität/Impulsivität zeigt jedoch eine *Kombination* pädagogisch-psychotherapeutischer Maßnahmen mit einer gut überwachten medikamentösen Behandlung. In diesem umfangreichen Behandlungsrahmen ist eine medikamentöse Therapie oft sehr segensreich, da sie viele Kinder und Jugendliche erst dazu in die Lage versetzt, die pädagogisch-therapeutischen Behandlungsangebote bewusst aufzunehmen. Diese Medikamente stellen nämlich nicht ruhig, im Gegenteil, sie machen »wacher«, die betroffenen Kinder und Jugendlichen nehmen sich selbst und ihre Umwelt klarer wahr, sie können besser aufpassen und besser lernen und sich auch besser in andere Menschen hineinversetzen. Mögliche Nebenwirkungen dieser Medikamente sollen nicht verschwiegen werden. Sie können zum Beispiel appetitlos machen, vorübergehend zu Bauch- oder Kopfschmerzen führen, Puls und Blutdruck erhöhen, die Wachstumsgeschwindigkeit für die Dauer der Behandlung etwas vermindern, manchmal auch traurig machen, da die Kinder und Jugendlichen ihr »Lebensdesaster« plötzlich klarer erkennen. Daher ist es unabdingbar, dass Kinder und Jugendliche *vor* einer derartigen medikamentösen Therapie von im Bereich der Verhaltensauffälligkeiten und der ADHS spezialisierten Kinder- und Jugendärzten oder Kinder- und Jugendpsychiatern gründlich untersucht werden. Es muss abgeklärt sein, ob wirklich eine ADHS von entsprechend schwerem Ausmaß besteht, die mit nicht medikamentösen Maßnahmen bisher nicht ausreichend erfolgreich behandelt werden konnte. Eine ADHS kann oft erst ab einem Alter von sechs Jahren sicher diagnostiziert werden. Zudem muss diese medikamentöse Behandlung gut medizinisch überwacht werden. Regelmäßige Kontrollen der gesundheitlichen Entwicklung, aber auch regelmäßige Probephasen, in denen überprüft wird, ob man auch wieder ohne Medikament auskommen kann, sind notwendig. Wenn diese Medikamente in der beschriebenen gewissenhaften Weise eingesetzt werden, sind sie für die Entwicklung der betroffenen Kinder und Jugendlichen, deren Familien und letztlich für die gesellschaftliche Integration der Betroffenen aber oft sehr hilfreich.

Aber auch *Intelligenzmangel* als hirnorganisch bedingtes Handicap kann dazu beitragen, dass sich bei einem Kind aggressives Verhalten entwickelt. Gerade aggressives Verhalten mit Körperverletzung wird vor allem an Schulen für lernbehinderte Kinder und Jugendliche beobachtet. Kinder mit geringerem intellektuellen Leistungsvermögen weisen öfter ein vermindertes moralisches Urteilsvermögen auf. Kinder, die zu aggressivem Verhalten neigen, nehmen häufig nur die kurzfristigen Konsequenzen ihres Handelns wahr. Unangenehme Folgen ihres Handelns wie zum Beispiel Bestrafung oder Ablehnung werden zum Zeitpunkt der Aggressionsausübung von diesen Kindern oft nicht berücksichtigt. Sie übersehen die kurz- und langfristigen nachteiligen Folgen ihres Handelns (Schmerzen des Opfers, Sanktionen der Gesellschaft etc.). Zu Aggressionen neigende Kinder und Jugendliche empfinden zudem Handlungen und Äußerungen von anderen Menschen fälschlicherweise häufiger als feindselig, obwohl diese gar nicht feindselig gemeint waren.

Jedoch können nicht nur Störungen der Körperwahrnehmung, der schulischen Lernfähigkeit oder hyperaktive-impulsive Veranlagung von der körperlichen Seite her auffälliges Verhalten hervorrufen. *Störungen der Sprachentwicklung* sind diesbezüglich ebenso bedeutsam. Wenn sie sich nicht richtig mitteilen können oder wenn sie häufig nicht richtig verstanden werden, macht das die betroffenen Menschen ärgerlich. Sehr gut kann man auch bei gesunden Kleinkindern beobachten, dass sie sich mit Hauen und Wegnehmen, mit Schreien und Trotzen durchsetzen wollen, wenn sie sich sprachlich noch nicht gut mitteilen können. Daher sind Störungen der Sprachentwicklung und diesen vielleicht auch zugrunde liegende Störungen des Hörvermögens oder der Hörwahrnehmung auch für die Entwicklung von Verhaltensproblemen bedeutsam.

Auf dem Boden genetischer und körperlicher Veranlagung haben sogenannte *psychosoziale Faktoren* ausprägenden Einfluss auf die Neigung zu Aggressivität und problematischem Verhalten. Diese Faktoren wirken über Mechanismen, die in den oben genannten Theorien dargestellt sind. Die Vorbeugungs- und Behandlungsmöglichkeiten können an der körperlichen Veranlagung natürlich nichts ändern. Da aber bei der Entstehung »schwierigen Verhaltens« und bei der Entstehung von »Störungen des Sozialverhaltens« immer ein Wechselspiel zwischen Veranlagung und Belastungsfaktoren des alltäglichen Lebens besteht, ist es wichtig, diese Belastungsfaktoren (psychosoziale Risikofaktoren) *rechtzeitig* zu erkennen und anzugehen. Denn ist aus »schwierigem Verhalten« von Vierjährigen erst einmal eine verfestigte Verhaltensstörung des Elfjährigen geworden, kann man nicht mehr viel daran ändern. Deshalb sind frühzeitige Hilfen für betroffene Familien (am besten schon in der Schwangerschaft oder den ersten Lebensmonaten) wichtig. Daher ist es so tragisch, dass nur zehn Prozent der betroffenen Familien überhaupt erkennen, dass sie Hilfe brauchen, und sie somit die benötigte Hilfe nicht oder viel zu spät erhalten.

4

Psychosoziale Risiko- und Schutzfaktoren

Risikofaktor 1: Gewalt durch Eltern

Die im Leben eines Kindes zunächst bedeutsamsten Vorbilder sind in der Regel Eltern, Großeltern oder andere wichtige erwachsene Bezugspersonen. Wenn diese Vorbilder selbst häufig gewalttätiges Verhalten praktizieren, werden sie zu einem negativen Lernmodell für ihre Kinder. Die Kinder schauen sich dieses Verhalten ab und übernehmen es. Gewalttätiges Verhalten der Eltern kann auf verschiedenen Ebenen in Erscheinung treten. Ganz unmittelbar erleben Kinder Gewalt, die gegen sie selbst gerichtet ist. *Gewalt der Eltern gegen ihre Kinder* kann sich in verschiedenen Formen äußern. Jegliche körperliche Strafe, die mit Schlagen des Kindes, Prügel und Ähnlichem einhergeht, ist ein massiver Gewaltakt gegen das Kind. Diese Strafen sind in unserer Kultur leider jedoch weitverbreitet. Schülerbefragungen zeigten Ende der 1990er-Jahre ein erschreckendes Bild: 47 Prozent der Schüler aus 9. und 10. Klassen gaben an, Opfer von »Züchtigungen« ihrer Eltern zu sein, weitere zehn Prozent gaben an, von Eltern verprügelt bzw. misshandelt worden zu sein. Der Gesetzgeber in Deutschland hat zwischenzeitlich reagiert und im Jahr 2000 das Verbot von körperlicher oder seelischer Gewaltausübung durch Eltern im § 1631 des Bürgerlichen Gesetzbuchs verankert:»Kinder haben ein Recht auf gewaltfreie Erziehung. Körperliche Bestrafungen, seelische Verletzungen und andere entwürdigende Maßnahmen sind unzulässig.« Erfreulicherweise ist zwischen 1998 und 2005 neben dem Rückgang jugendlicher Gewalttaten auch ein Rückgang schwerer elterlicher Gewaltausübung zu verzeichnen. Diese Entwicklung muss weiter anhalten, dazu möchte auch dieses Buch beitragen. Viele der schlagenden Eltern stehen selbst unter Spannung, was zu einer aggressiven Stimmung und Gereiztheit führt. Persönliche Probleme der Eltern, wie zum Beispiel in der Partnerschaft, am Arbeitsplatz, in der eigenen Herkunftsfamilie oder durch eine allgemein belastete Lebenssituation (Arbeitslosigkeit, Armut, eingeengtes Wohnumfeld usw.), können zu einer derartigen inneren Anspannung führen, sodass das Kind viel leichter als»schwierig« erlebt wird. Aus einer solchen belasteten Einstellung zum Kinde heraus treten rasch Situationen auf, die»das Fass zum Überlaufen bringen« und von Elternseite mit Gewalttätigkeit beantwortet werden. In solchen»Erziehungssituationen« erleben sich die Eltern vor der körperlichen Bestrafung oft als ohnmächtig und hilflos und sie wissen sich nicht anders gegenüber ihrem Kind durchzusetzen. Viele dieser Eltern mussten auch in ihrer Kindheit immer wieder gewalttätige Übergriffe ihrer Eltern erleben. Somit kann elterliche Gewalttätigkeit von Generation zu Generation als scheinbar»normales Erziehungsverhalten« weitergegeben werden (vgl. Kapitel 3»Lernen am Modell«, Seite 32). Gewalttätigkeit durch Eltern kann somit die Grundlage dafür sein, dass Kinder selbst gewalttätig werden oder vor ihren Eltern flüchten.

Versuchen Sie sich einmal in ein geschlagenes Kind hineinzuversetzen. Das Kind spürt neben dem körperlichen Schmerz eine erhebliche Verunsicherung, weil es den Zusammenhang zwischen seinem »Fehlverhalten« und der unberechenbaren, überschießenden Gewaltreaktion des Erwachsenen nicht versteht. Einen unberechenbaren Menschen vor sich zu haben, in Verbindung mit der erheblichen Verunsicherung, führt natürlich zu Angst. Dadurch kann es im Gefühlsleben des Kindes zu verheerenden Folgen kommen. Kinder können Selbstzweifel bis zur Selbstablehnung entwickeln, da sie ja immer wieder erfahren, dass sie ihren Eltern scheinbar nur Prügel wert sind. Diese Gefühle sind für Kinder so unerträglich, dass ihre Seele versucht, sich vor diesen zerstörerischen Gefühlen zu schützen.

Ein derartiger Prozess läuft unbewusst ab. Einerseits kann es geschehen, dass sich derart traumatisierte Kinder mit ihrem Peiniger identifizieren. Das heißt, sie entwickeln Gefühle wie »Der Angreifer hatte recht« oder »Ich bin ja selbst schuld«. Eine derartige Entwicklung kann der Boden für seelische Störungen wie Angsterkrankungen oder Depressionen sein. Andererseits können die unangenehmen Gefühle von Hilflosigkeit, Angst und Schmerz durch andere Gefühlsqualitäten wie Wut, Hass und Vergeltungsgefühle ersetzt und abgewehrt werden. Über diesen Weg wird die Entwicklung der eigenen Gewalttätigkeit des Kindes gefördert (vgl. Kapitel 3 »Tiefenpsychologische Theorie«, Seite 32 f.).

Außerdem sind *gewalttätige Auseinandersetzungen unter den Eltern* ein ungünstiges Lernmodell für Kinder. Prügelnde Ehemänner oder Lebenspartner sind ein schlechtes Identifikationsmodell für ihre Söhne.

Ein weiteres Feld der Gewaltausübung gegen Kinder ist der *sexuelle Missbrauch* in Familien. In Deutschland erlebt schätzungsweise jedes fünfte Mädchen und jeder siebte Junge diese Form der Gewaltausübung. Diesen Kindern wird eine aggressiv getönte Form von Sexualität aufgezwungen, die ihrem Lebensalter unangemessen ist und die sie seelisch verwirrt. Diese Kinder erleben, dass sie nur »lieb gehabt werden«, wenn sie sich sexuell fügen. Das führt zu einer Untergrabung des eigenen Selbstwertgefühls. Die Kinder fühlen sich schuldig und schämen sich und sind nicht selten durch Drohungen der Erwachsenen massiv geängstigt und verwirrt. Diese Kinder müssen schweigen, obwohl sie am liebsten schreien möchten, und fühlen sich ohnmächtig. Aber gerade für Jungen besteht die Gefahr, dass sie hier ein Identifikationsmodell lernen, welches auch sie später zu sexuellen Missbrauchern oder Gewalttätern werden lässt. Eine weitere Form von sexueller Gewalt in der Familie findet sich in Form der *Vergewaltigung in der Ehe* bzw. nicht ehelichen Partnerschaft. Auch hierbei handelt es sich um einen brutalen gewalttätigen Akt, den vor allem die Söhne, wenn sie zu Zeugen dieser Gewalt werden, im späteren Leben kopieren können.

Ein weiteres Feld von elterlicher Gewalt gegenüber Kindern ist die *Gewalt mit Worten* und die *seelische Gewaltausübung*. Demütigende Beschimpfungen des Kindes durch die Eltern, wie zum Beispiel:»Du bist ja das Schrecklichste, was ich kenne« oder»Hau ab, ich kann dich nicht mehr sehen«, wirken auf das Kind massiv kränkend. Es fühlt sich in seiner gesamten Person abgelehnt und verachtet. Dass beim Beschimpften Gefühle wie sich selbst schuldig, sich beschämt und wertlos zu fühlen, oder auch Wut, Hass und Vergeltungswünsche dem Beschimpfenden gegenüber sowie starke Verunsicherungen entstehen, ist gut nachfühlbar. Besonders die Verwendung von beleidigenden Schimpfworten aus der Gossensprache verschlimmert das Zerstörungswerk beim Beschimpften. Zusätzlich wird mit einem derartigen Verhalten wieder ein ungünstiges Vorbild vorgelebt, welches vom Kind in Situationen außerhalb des Haushaltes, zum Beispiel in der Schule oder in der Freizeit, gegenüber vermeintlich Schwächeren gerne kopiert wird. Über diesen Weg der gegenseitigen Beschimpfung werden oft Gewalttätigkeiten zwischen Kindern und Jugendlichen entfacht.

Zusammenfassende Hinweise

- Schlagen oder prügeln Sie Ihr Kind *nie.* Unterlassen Sie auch den »Klaps« auf den Po. Denn auch dieser »hilft« nicht und Sie sind dadurch kein gutes Vorbild. Beschimpfen Sie Ihr Kind nie beleidigend. Wenn Sie sich gegenüber Ihren Kindern oft hilflos und überfordert fühlen und die Lektüre dieses Buches nicht weiterhelfen sollte, holen Sie sich professionelle Hilfe bei entsprechenden Institutionen oder besuchen Sie einen Elternkurs (s. Kapitel 7)
- Sollten Sie den Verdacht oder gar die Gewissheit haben, dass Ihr Kind sexuell missbraucht wird, versuchen Sie nicht zu schweigen, auch wenn der Täter aus Ihrer Familie kommt, sondern vertrauen Sie sich *umgehend* (!) einer Beratungsstelle an.
- Falls Ihnen oder Ihrem Kind Gewalt durch Ihren Partner angetan wird, haben Sie das Recht, sich schutzgebende Hilfe zum Beispiel bei der Polizei oder beim Frauenhaus zu holen.

Risikofaktor 2:
Mangel an emotionaler Wärme

Mit emotionaler Wärme ist ein grundsätzlich freundliches, warmes, verständnisvolles Klima in der Familie gemeint. Elterliche Liebe und das damit verbundene warme, *nicht* erotische Gefühl in Bauch und Brust ist die Voraussetzung für eine geborgene Atmosphäre. Wenn diese Atmosphäre fehlt, besteht ein erhöhtes Risiko für die Kinder, Verhaltensauffälligkeiten zu entwickeln. Manchen Eltern gelingt es nicht, die notwendige Wärme und liebevolle Fürsorge für ihr Kind aufzubringen, vielleicht weil ihnen selbst als Kind diese Wärme nicht entgegengebracht wurde.

Vernachlässigung und Ablehnung durch Eltern hat weniger mit dem Kind selbst zu tun (es ist also nicht weniger liebenswert als andere Kinder), sondern eher mit seelischen Problemen bzw. Problemen des Lebensalltags ihrer Eltern. Manchmal scheint es, als ob diese Eltern selbst seelisch sehr bedürftig sind und, ohne es zu wissen, von ihrem Kind erwarten, dass es ihnen die Aufmerksamkeit und Bewunderung geben soll, die ihnen selbst in der Kindheit vorenthalten wurde. Es besteht die Gefahr, dass diese emotional bedürftigen Eltern in ihrer Frustration, weil sie vom Kind nicht die Liebe bekommen, die sie sich unbewusst von ihm erhofften, dem Kind gegenüber gewalttätig werden. Andererseits können vernachlässigte Kinder aber auch die Erfahrung machen, durch aggressives Verhalten mehr beachtet zu werden – weil sie eher auffallen. Auch wenn das Kind in dieser Situation eher negative Zuwendungen wie Schimpfen, Ermahnungen oder Schläge erhält, fühlt es sich durch diese »Zuwendungen« als »im Mittelpunkt stehend«. Dieses gute Gefühl wirkt wie eine Belohnung für sein auffälliges Verhalten.

Fehlende emotionale Wärme in der Familie ist oft mit einem *aggressiven Sprachstil* in der Familie verbunden. Gewalt beginnt auch mit Sprache. Verunglimpfende und demütigende Beschimpfungen in einer kalten Familienatmosphäre fördern Gewalt. Außerdem wird Gewalttätigkeit dadurch begünstigt, dass Eltern ihren Kindern gegenüber andere Menschen gering schätzen, die sich nicht körperlich wehren. Die direkte Aufforderung zur Gewalt durch die Eltern ist ein ungünstiges Vorbild, genauso wie die Duldung von gewalttätigen Auseinandersetzungen unter Kindern durch ihre Eltern. Auch ein ironischer Sprachstil kann zu einer Verunsicherung des Kindes führen, mit der Gefahr, dass das Selbstwertgefühl gestört wird.

Ein vierjähriger Junge verschüttet aus einem Becher etwas Milch. Die angespannte Mutter reagiert mit unwirschem Tonfall und ärgerlicher Gesichtsmimik und sagt dabei: »*Das hast du aber mal wieder toll gemacht!*«

Der Unterschied zwischen dem Inhalt der gesprochenen Worte und der abweisenden Mimik und Betonung wirkt auf das Kind verwirrend und verunsichernd. Diese beängstigenden Gefühle können, wenn sie vom Kind sehr häufig erlebt werden, durchaus durch aggressive Gefühle abgewehrt und ersetzt werden.

Auch *Liebesentzug* und *Nichtbeachtung* kann zu einer erheblichen Verunsicherung eines Kindes führen und ist gleichzusetzen mit einer seelischen Misshandlung.

Ein 14-jähriges Mädchen kommt entgegen der Absprache mit ihren Eltern zu spät nach Hause. Die Eltern machen sich Sorgen. Die elterlichen Sorgen sind jedoch begleitet von Wut und Ärger. Als das Mädchen zu Hause eintrifft, wird es von der Mutter massiv beschimpft. Der Vater sagt gar nichts und redet mehrere Tage nicht mit dem Mädchen, er vermeidet die Begegnung in der gemeinsamen Wohnung. Diese Nichtbeachtung wirkt massiv verunsichernd auf das Kind, es fühlt sich schuldig und schlecht.

Mangelnde elterliche liebevolle Wärme wurzelt nicht nur in der Kindheit der Eltern, sondern nicht selten auch in Beziehungsproblemen der Eltern untereinander. Eine *dauerhafte disharmonische Beziehung zwischen den Eltern* führt zu einem negativen Klima in der Familie, die Kinder können dabei kein Geborgenheitsgefühl entwickeln. Besteht eine spannungsgeladene, aggressive Atmosphäre zwischen den Eltern, so kann es auch gegenüber den Kindern zu direkten aggressiven Handlungen und Äußerungen kommen. Nicht selten fühlen sich Kinder schuldig für die Beziehungskrise der Eltern. In Familien ohne liebevolle Beziehung der Eltern zueinander kommt es oft zu Trennungen und Scheidungen. Die Kinder alleinerziehender Mütter müssen sich häufig mehrfach an neue Stiefväter bzw. Stiefmütter gewöhnen. Immer wieder müssen manche Kinder ihren Bezugselternteil mit fremden Erwachsenen teilen. Das wird von manchen Kindern sogar als persönliche Ablehnung empfunden.

Alleinerziehende Mütter sind vielfach mit den Anforderungen an die Erziehung überfordert, da sie sich alleingelassen fühlen und nicht selten mit mannigfachen anderen sozialen Problemen (Armut, Arbeitslosigkeit, beengte Wohnverhältnisse, eigene seelische Probleme) zu kämpfen haben. In Familien, die gleichzeitig durch mehrere psychosoziale Probleme beeinträchtigt sind (Arbeitslosigkeit, Sozialhilfeabhängigkeit, Alkohol- und Drogenkonsum, ungünstige Wohnverhältnisse usw.), und in Familien, in denen ein Elternteil alleinerziehend für die Kinder verantwortlich ist, ist die Gefahr, dass diese Kinder misshandelt werden, erhöht.

Durch direkte Gewalterfahrung (führt über Wut und Frustration zu erhöhter Aggressionsbereitschaft) und das Gefühl des Ungeliebtseins (führt über Frustrationsgefühle zur Aggression gegenüber anderen oder zur Aggression gegenüber sich selbst, zum Beispiel in Form von Drogenkonsum, Alkoholkonsum, Essstörungen oder selbstverletzendem Verhalten) entwickeln Kinder aus Familien mit mangelnder emotionaler Wärme nicht selten Verhaltensauffälligkeiten oder Störungen des Sozialverhaltens. Gerade bei Jungen alleinerziehender Mütter kommt noch hinzu, dass oft ein liebevolles, nachahmenswertes Vater- und Männervorbild, mit dem sich der betreffende Junge identifizieren könnte, fehlt. Umso wichtiger ist es, dass Jungen in Kindertagesstätten, Grundschulen, aber auch im betreuten Freizeitbereich von gut ausgebildeten männlichen Betreuern begleitet werden, um an diesen Vorbildern eine sozial verträgliche Form von Männlichkeit zu entwickeln.

Zusammenfassende Hinweise

- Vermeiden Sie beleidigende Beschimpfungen, einen ironischen Sprachstil und Liebesentzug oder Nichtbeachtung.

- Suchen Sie mit allen Familienmitgliedern gerade auch bei Problemsituationen das *Gespräch*. Besonders über Gefühle wie Ängste, Traurigkeit, Hilflosigkeit sollten Sie – wenn möglich – in ruhiger Atmosphäre mit ruhiger Stimme sprechen.

- Wenn Sie mit Ihrer Beziehung nicht zufrieden sind und die Probleme nicht untereinander lösen können oder wenn Sie alleinerziehend sind und sich überfordert fühlen, so sollten Sie sich rechtzeitig *professionelle Hilfe* holen, auch wenn es für viele Erwachsene nicht leicht ist, über vermeintliche Schwächen oder Probleme zu sprechen oder gar Hilfe von außen anzunehmen (vgl. Kapitel 7).

- Sollten Sie an eine definitive *Trennung vom Partner/von der Partnerin* denken oder trennt sich Ihr Partner/Ihre Partnerin von Ihnen, so ist es sinnvoll, sich beratende Unterstützung zu holen (bei Lebensberatungsstellen, beim Jugendamt, bei der Rechtsberatung). Dadurch können Sie dabei unterstützt werden, mit den Kindern möglichst offen und ehrlich umzugehen (trotzdem sollte das Austragen belastender Konflikte zwischen den Eltern nicht vor den Augen und Ohren der Kinder erfolgen). Dies hilft Ihnen außerdem, den Kindern zu vermitteln, dass sie keine Schuld trifft, die Kinder bei der Entwicklung von Besuchsregelungen und Alltagsabsprachen usw. einzubeziehen, Ihre eigenen Gefühle von Wut und Kränkung zu bearbeiten, Ihren ehemaligen Partner nicht gegenüber den Kindern schlechtzumachen und Ihren Kindern immer ein offenes Ohr für deren Nöte anzubieten. Der Kontakt zu gewalttätigen, misshandelnden oder missbrauchenden Elternteilen muss jedoch schnellstmöglich und dauerhaft beendet werden! Das alles gelingt mit den oben genannten Hilfsangeboten viel leichter.

Risikofaktor 3:
Seelische Probleme der Eltern, Alkohol- und Drogensucht

Elterliche Suchterkrankungen, wie Alkohol- und Drogensucht als häufig auftretende seelische Erkrankungen, sind ein Risikofaktor für kindliche Verhaltensstörungen. Eltern, deren Kinder psychisch auffällig sind, sind vier- bis fünfmal häufiger alhokol- oder drogenabhängig als Eltern, deren Kinder nicht psychiatrisch erkrankt sind. Heute geht man von zweieinhalb bis drei Millionen alkoholkranken Menschen in Deutschland aus, davon 500 000 zwischen 12 und 21 Jahren.

Alkoholkranke Menschen leben oft in einer unglücklichen Partnerbeziehung, sodass die betroffenen Kinder nicht nur durch ihren alkoholkranken Elternteil gefährdet sind, sondern auch durch die seelischen Probleme des durch die schwierige Partnerbeziehung beeinträchtigten nicht alkoholkranken Elternteils. Alkoholkranke Eltern leiden oft an einem Krankheitsbild des Gehirns, da der Alkohol nach jahrelanger Abhängigkeit zu schweren Gehirnstörungen führt. Die Betroffenen reagieren oft verlangsamt, können sich nur schwer auf plötzliche neue Lebenssituationen einstellen und leiden oft unter einer Gefühlslabilität. Das heißt für ihre Kinder, dass sie plötzlich und unerwartet zwischen vernachlässigender Gleichgültigkeit und aggressivem Jähzorn schwanken können. Dadurch wird es gut verständlich, dass es alkoholabhängigen Eltern schwerfällt, eine liebevolle Familienatmosphäre zu schaffen, in der das Kind sicher mit einem guten Selbstwertgefühl heranwachsen könnte. Die Kinder sind eher gewalttätigen Handlungen und sexuellen Übergriffen ausgesetzt und werden somit durch ein gewaltförderndes Vorbild geprägt. Die Verunsicherung der Kinder mit der Folge eines geringen Selbstwertgefühls macht diese

Kinder anfällig für ungünstige Einflüsse aus Gleichaltrigen-gruppen.

Das mangelnde Selbstwertgefühl und die ungestillte menschliche Sehnsucht nach Wärme und Geborgenheit, vielleicht auch das elterliche Vorbild, aber auch eine erbliche Belastung, tragen dazu bei, dass Kinder von alkohol- und drogenkranken Eltern nicht selten selbst süchtig werden. Sie fliehen in die Sucht, um sich »gute« Lebensgefühle zu verschaffen und um die schrecklichen belastenden Gefühle der Verunsicherung, Angst und Wertlosigkeit, die sie aus ihrer Familie mitgebracht haben, zu überdecken. Das ist natürlich nur eine Scheinlösung der Lebensprobleme. Denn sehr bald werden die Beschaffung und der Konsum von Alkohol und Drogen zu den lebensbestimmenden Gedanken und Zielen betroffener Kinder und Jugendlichen – sie sind gefangen in ihrer Sucht. Das frustrierte Gefühl, welches durch die Abhängigkeit von Alkohol und Drogen und die damit verbundene Unfreiheit auftritt, kann sich wiederum in Gewalt gegen den anderen oder sich selbst verwandeln.

Ein 14-jähriger Junge wächst in einer Familie mit vier weiteren Geschwistern auf. Der Vater ist langzeitarbeitslos und seit zwei Jahrzehnten alkoholkrank. Der Tagesablauf der Familie ist durch Bierdosen und Schnapsflaschen geprägt. Die Mutter zieht sich in ihrer Verzweiflung zurück und versucht die finanzielle Situation der Familie durch wechselnde Teilzeittätigkeiten zu verbessern. Dadurch ist sie jedoch oft nicht zu Hause und steht den Kindern als Stabilität vermittelnde Stütze kaum zur Verfügung. Die Atmosphäre, die vom Vater ausgeht, ist rau und nicht von Wärme geprägt. Auch in der Schule ist der Junge erfolglos. Er schließt sich mit gleich gesinnten Kindern zusammen, die allesamt ähnliche Schicksale in ihren Familien durchleben. Alkohol- und Zigarettenkonsum gehören gemäß der elterlichen Vorbilder zur Lieblingsbeschäftigung der Gruppe. Das Taschengeld reicht nicht, die

Eltern werden bestohlen. Kleine Einbrüche in Kioskbuden und das Aufbrechen von Automaten werden genutzt, um sich Geld für die Suchtmittel zu beschaffen.

Auch das *Rauchen* in der Familie ist nicht unproblematisch. Neben den bekannten gesundheitlichen Effekten (durch elterliches Rauchen steigt das Risiko für Asthma bei Kindern, elterliches Rauchen erhöht sogar das Risiko für den plötzlichen Kindstod) führt das Rauchervorbild nicht selten zur Nachahmung bei den Kindern. Kinder rauchender Eltern sind in ihrer Jugend doppelt so häufig Raucher wie Kinder nicht rauchender Eltern. Vor allem wenn die Kinder später in entsprechenden Gleichaltrigengruppen einem Gruppendruck ausgesetzt sind, besteht die Gefahr, dass Kinder von Rauchern eher zur Zigarette greifen.

Rauchen ist oft der erste Schritt in Richtung eines weiteren Drogenmissbrauchs, da rauchende Kinder gelernt haben, Hemmschwellen gegenüber »Genussgiften« zu überwinden. Nur fünf Prozent der nicht rauchenden Jugendlichen konsumieren Cannabis (Haschisch, Marihuana etc.), während es bei den Rauchern 44 Prozent sind. Das Rauchen kann die Kinder und Jugendlichen unter erheblichen finanziellen Druck setzen, sodass der Anreiz zum Stehlen oder einzubrechen, um sich das Geld für die Zigaretten zu beschaffen, wächst.

Es ist bekannt, dass rauchende Kinder häufiger aus Familien kommen, in denen noch andere Probleme bestehen, die das Sozialverhalten beeinträchtigen können. In sozial benachteiligten Bevölkerungsgruppen tritt das Rauchen deutlich häufiger auf als in anderen Bevölkerungsgruppen. Zudem ist das jugendliche Rauchverhalten vom Bildungsniveau abhängig. Jugendliche in Hauptschulen rauchen mehr als doppelt so häufig wie Jugendliche, die ein Gymnasium besuchen.

In wissenschaftlichen Untersuchungen wurde festgestellt, dass Kinder, deren Mütter in der Schwangerschaft rauchten, ein größeres Risiko für eine aggressive Verhaltensstörung oder für eine ADHS haben. Rauchen in der Schwangerschaft kann somit ähnlich wie Alkohol oder andere Drogen die Entwicklung des Gehirns ungeborener Kinder dauerhaft beeinträchtigen. *Somit gehören Rauchen, Alkohol- und Drogenkonsum in der Schwangerschaft zu den schwersten Formen von Kindesmisshandlung!* In einer Untersuchung an Vorschulkindern zeigte sich, dass die Fähigkeit, einen Menschen zu malen, bei Kindern, die in der Schwangerschaft den Giften des Zigarettenrauchs ausgesetzt waren, viel schlechter war als bei Kindern, deren Mütter nicht rauchten. Die Tatsache, dass etwa 23 Prozent aller Jungen und Mädchen zwischen 12 und 17 Jahren rauchen, ist – auch wenn die Zahlen in den letzten Jahren erfreulicherweise zurückgegangen sind – somit auch deshalb besorgniserregend, weil gerade die betroffenen jungen Frauen in besonderem Maße ihre späteren Kinder gefährden. Denn die Gefahr, das Rauchen nicht mehr aufgeben zu können, ist groß. Daher sind Signale, die das Rauchen öffentlich ächten, wie zum Beispiel das Rauchverbot in Gaststätten, sehr wichtig. Eine amerikanische Untersuchung konnte zeigen, dass in Regionen mit Rauchverbot in Gaststätten das Risiko für jugendliche Raucher, zum dauerhaften Raucher zu werden, um 40 Prozent niedriger lag als in Gegenden ohne Rauchverbot.

Nicht nur die oben beschriebenen elterlichen Suchterkrankungen können das Risiko für Verhaltensauffälligkeiten und seelische Erkrankungen der Kinder fördern, sondern auch alle anderen *psychischen Erkrankungen der Eltern* (zum Beispiel Depressionen, Psychosen etc.). Das Einfühlungsvermögen, die positive Kontaktaufnahme, die Fähigkeit, eine warmherzige Familienatmosphäre zu schaffen, sind bei diesen Eltern oft beeinträchtigt. Mütter mit Depressionen haben oft Probleme, eine gefühlsmäßige Verbundenheit mit ihren Babys zu entwickeln. Hinzu kommt, dass viele psychische Erkrankungen (Depressionen, Schizophrenie, Suchterkrankungen,

ADHS, Zwangserkrankungen etc.) auch in hohem Maße erblich bedingt sind. Wissenschaftliche Untersuchungen zeigten, dass belastende Lebensereignisse sich bei Menschen, die bestimmte Risikogene für Depressionen tragen, viel gravierender auswirken als bei Menschen, die diese Risikogene nicht haben. Gerade auch Eltern, die selbst an einer ADHS leiden, stehen innerlich oft »unter Strom«. Es fällt ihnen schwerer, konsequente Erziehungshaltungen zu entwickeln und klare Vorgaben zu machen. Mitunter neigen sie selbst zu vermehrter Impulsivität und reagieren überschießend laut, demütigend oder gar gewalttätig. Untersuchungen konnten belegen, dass Mütter, die selbst an einer ADHS litten, positive Erziehungshaltungen, die ihnen in einem Elterntraining vermittelt wurden (s. Kapitel 7), schlechter umsetzen konnten.

Zusammenfassende Hinweise

- Suchen Sie sich Hilfe über örtliche Suchtberatungsstellen, wenn Sie spüren, dass Alkohol oder andere Drogen zum regelmäßigen und täglichen Wegbegleiter für Sie geworden sind.
- Versuchen Sie das Rauchen aufzugeben. Raucherentwöhnungskurse können Ihnen durch Ihren Hausarzt oder Ihre Krankenkasse vermittelt werden.
- Wenn Sie sich traurig, kraftlos, depressiv fühlen, Ängste haben oder sich ausgebrannt fühlen, suchen Sie Ihren Hausarzt auf, damit Sie weitere fachkundige Hilfe erhalten.

Achtung: Es geht nicht um Schuldzuweisung oder Vorwürfe, denn Suchterkrankungen oder seelische Störungen sind *nicht* selbst verschuldet. Es geht darum, Mut zu fassen und sich *rechtzeitig* professionelle Hilfe (Beratungsstellen, Nervenärzte, Psychiater etc.) zu holen!

Risikofaktor 4:
Arbeitslosigkeit, Armut,
schlechte Wohnsituation

Enge Spiel- und Erlebnisräume führen dazu, dass Kinder kaum Möglichkeiten haben, sich körperlich zu betätigen. Wenn kein Platz zum Spielen da ist, werden die Kinder körperlich eingeengt. Sie können nicht altersentsprechend herumtollen, können nicht ausprobieren, wie geschickt sie sind, sie können nicht in einer weitestgehend geschützten Spielatmosphäre relativ gefahrlos die Umgebung erkunden. Dadurch besteht die Gefahr, dass das Körpergefühl der Kinder und ihre Sinneswahrnehmung unterentwickelt bleiben. Die Kinder sind bewegungsunsicher, entwickeln kein Vertrauen in ihren Körper und haben somit kein Vertrauen in sich selbst. Bewegungsgestörte, ungeschickte, unsichere Kinder mit Wahrnehmungsstörungen sind in Gruppen mit anderen Kindern oft isoliert. Sie finden nur schwer Freunde und leiden unter Minderwertigkeitsgefühlen. Der damit verbundene Frust kann aggressiv machen (s. Kapitel 3: »Frustrations-Aggressions-Theorie«, Seite 33).

Eingeengter Lebensraum ist oft verbunden mit engen, nicht kindgerechten Wohnungen, die vielleicht noch im mehrstöckigen Wohnblock oder Hochhaus liegen. Die Umgebung ist oft nicht einladend zum geschützten kindlichen Spiel. Autos fahren vor der Tür und in den schmalen Grüngürteln. Zwischen den Blocks treiben sich ältere Kinder herum, die nicht wissen, wo sie sonst hingehen sollen. Ältere Kinder und Jugendliche üben in ihren Frustrationen oft Gewalt gegenüber jüngeren und schwächeren Kindern aus, sodass auf der Straße anstelle eines unbeschwerten Kinderspiels nicht selten Brutalität erlebt wird.

Gerade Kinder aus ausländischen Familien leben oft in solch beeinträchtigten Wohnsituationen. Das könnte – neben kulturellen Besonderheiten – mit ein Grund dafür sein, dass Kinder aus Familien mit Migrationshintergrund relativ häufig in polizeilichen Kriminalstatistiken auffallen. Aber auch überdurchschnittlich häufige Schulprobleme bei Kindern aus Familien mit Migrationshintergrund (Sprachprobleme, Bildung hat möglicherweise in der jeweiligen Kultur eine geringere Bedeutung) können mit zu diesem Problem beitragen. Untersuchungen zeigten, dass Anfang dieses Jahrtausends acht Prozent aller deutschen und 20 Prozent aller ausländischen Jugendlichen in Deutschland die Schule ohne Abschluss verließen.

Ein ungünstiges Wohnumfeld ist nicht selten die Folge von knappen finanziellen Verhältnissen. *Eingeengte finanzielle Verhältnisse* – oft als Folge von *Arbeitslosigkeit* – führen außerdem dazu, dass sich die Sorge um die Alltagsbewältigung drückend auf die elterliche Stimmung auswirkt. Dies kann dazu führen, dass Eltern gereizt und aggressiv mit ihren Kindern umgehen. Die Frustration arbeitsloser Eltern steht im Zusammenhang mit dem Gefühl, nichts bewirken zu können und nicht gebraucht zu werden. Kinder erleben in einer solchen Familiensituation wenig Optimismus, Freude oder Sinnerfüllung. Die Erfahrung, dass es Spaß macht, eine Aufgabe zu haben, die Erfahrung, dass man selbst etwas bewirken kann, all das sind wichtige Schutzfaktoren, die die Kinder davor bewahren können, eine Störung des Sozialverhaltens zu entwickeln.

Vor allem alleinerziehende Mütter sind von Armut betroffen. In Armut lebende Kinder, das heißt Kinder, deren Familien vor allem von staatlicher Unterstützung abhängig sind, erfahren in ihrer Familie eher Gewalt und Lieblosigkeit. Gerade Kinder alleinerziehender und nicht berufstätiger Mütter haben ein hohes Risiko für psychische Auffälligkeiten (Verhaltensauffälligkeiten, Hyperaktivität, Ängste oder Depressionen). Kinder aus sozial schwierigen Verhältnissen fallen zudem eher durch Gewaltbereitschaft in der Schule und durch die Bereitschaft auf, Eigentumsdelikte zu begehen.

Schwierige soziale Lebensumstände müssen zwar nicht notgedrungen dazu führen, dass Eltern ihren Kindern Gewalt antun oder sie lieblos vernachlässigen. Sie führen aber oft dann zu Problemen mit den Kindern, wenn diese Lebensumstände durch Suchtprobleme, psychische Belastungen und mangelnde Bildung der Eltern selbst hervorgerufen werden, wie es leider häufig der Fall ist.

Armut bedeutet aber auch das Fehlen finanziellen Spielraums für Konsumgüter. *Konsumorientierung* ist heutzutage weitverbreitet. In allen Lebenssituationen wird durch Werbung vermittelt, dass bestimmte Dinge gekauft werden müssen. Und bei Kindern ist das Bedürfnis, ständig neue Markenprodukte wie Turnschuhe, Sweatshirts, Lederjacken usw. zu bekommen, sehr ausgeprägt. Dies resultiert zum einen aus der Kraft der Werbung, zum anderen aber auch aus der Tatsache, tagtäglich bei vielen ihrer Altersgenossen diese Statussymbole präsentiert zu bekommen. Konsum hat bei Kindern in Außenseiterpositionen nicht selten die Funktion, Minderwertigkeitsgefühle zu kompensieren. Wenn nun Armut in den Familien besteht, greifen viele Kinder zum Mittel des Diebstahls, der Erpressung und des Raubes, um sich Geld zu beschaffen oder die begehrten Statussymbole manchmal direkt, zum Beispiel mit vorgehaltenem Messer, von ihren Altersgenossen »abzuzocken«. Wurde eine solche Gewalttat einmal vom Täter als erfolgreich erlebt, so wurde sein Verhalten durch diesen »Erfolg« unmittelbar »belohnt« (s. Kapitel 3: »Lerntheorie«, Seite 32). Dadurch kann bei diesem Kind dieses problematische Verhalten zukünftig häufiger auftreten.

Risikofaktor 5:
Unzureichende elterliche Aufsicht und Anleitung

Vernachlässigendes Verhalten der Eltern kann über zwei Wege zu vermehrt aggressivem Verhalten bei Kindern führen. Zum einen erfahren die Kinder, dass erst äußerst unangenehmes, eventuell aggressives Verhalten zur Beachtung seitens ihrer Eltern führt. Zum anderen führt die fehlende Kontrolle durch die Eltern dazu, dass keine Korrekturmöglichkeit fehlgeleiteten Kinderverhaltens durch die Eltern existiert. Die Kinder können regelrecht machen, was sie wollen, ohne Überprüfung durch die Eltern und ohne Vorbildfunktion seitens der Eltern. Elterliche Kontrolle kann zum Beispiel die Entwicklung von extremen politischen Einstellungen und einer damit verbundenen Gewaltbereitschaft bei Kindern und Jugendlichen verhindern.

Eltern mit Migrationshintergrund leben und arbeiten in Deutschland oft isoliert. Das liegt unter anderem an sprachlichen Barrieren und kulturellen Unterschieden. Diese Eltern kennen somit oft noch weniger als deutsche Eltern die Lebenswelten ihrer Kinder. Die Kinder ausländischer Eltern haben häufig keine Beziehung mehr zu den Wertvorstellungen ihrer Eltern. Somit fehlt diesen Kindern – oft noch mehr als deutschen Kindern – sowohl ein elterliches Vorbild, mit dem sie sich in ihrer außerhäuslichen Lebenswelt identifizieren können, als auch eine wohldosierte elterliche Kontrolle dessen, was außerhalb des Elternhauses geschieht. Auch dadurch erklärt sich die scheinbar besondere Gefährdung ausländischer Kinder, aggressive Verhaltensauffälligkeiten zu entwickeln.

In vielen Familien mit Kindern sind beide Eltern berufstätig. Gerade in diesen Familien besteht die Gefahr, dass die Kinder zu wenig elterliche Anleitung und Aufsicht erfahren. Außer der Gefahr, dass sich diese Kinder häufig auf der Straße »herumtreiben« und die Straßenclique schon bei Achtjährigen mehr Bedeutung hat als die Eltern, besteht andererseits das Risiko, dass sich unkontrolliert eine Fernseh-, Video- oder Computerspielsucht aus Langeweile entwickelt (s. »Risikofaktor 6: Massenmedienkonsum«, Seite 62 f.).

Wird *Langeweile* bei Kindern zu einem Dauerproblem, so kann das nicht nur zu maßlosem Fernsehkonsum oder Ähnlichem führen. Manche Kinder und Jugendliche bekämpfen in ihrer Not dieses Langeweilegefühl mit übersteigertem Nervenkitzel (kleine Diebstähle, S-Bahn-Surfing etc.). Diesen Kindern, für die Nervenkitzel das Einzige ist, was ihnen das Gefühl gibt, zu leben, fehlt meist eine liebevolle Beziehung zu ihren Eltern. Oft überhäufen Eltern, die sich schwertun, ihren Kindern liebevolle Zuwendung ganz einfach von Mensch zu Mensch zu geben, diese mit Geschenken, Spielsachen oder Süßigkeiten. Unter *wirklicher* liebevoller Aufmerksamkeit sind dagegen so einfache zwischenmenschliche Dinge zu verstehen, wie lieb gehalten werden, loben, miteinander sprechen, aber auch miteinander streiten und sich wieder versöhnen, miteinander spielen, einfühlsame elterliche Anleitung oder auch einfach nur *miteinander* leben in einer liebevollen Atmosphäre.

Andere Eltern ersticken ihre Kinder in klammernder *Überbehütung.* Durch Überbehütung erleben Kinder Einengung. Übersteigerte Einengung des natürlichen Erkundungs- und Probierdranges der Kinder wird nicht selten durch aggressive Verhaltensweisen beantwortet. Bei überbehüteten Kindern besteht generell die Gefahr, dass sie nicht so viele kindgerechte Lebenserfahrungen sammeln können. Manche Eltern bemühen sich, ihren Kindern jegliche Frustrationen zu ersparen. Aber auch dieses Vorgehen birgt die Gefahr, dass die Kinder später, wenn sie unweigerlich im Alltagsleben (zum Beispiel in der Schule oder Gleichaltrigengruppe) mit Frustrationen konfrontiert werden, auf Frust mit Aggressionen reagieren. Diesen Kindern fehlte nämlich die Möglichkeit, zu erlernen, Frust und Enttäuschung zu ertragen und zu verarbeiten.

Viele Kinder, die schon seit dem ersten Lebensjahr Lieblosigkeit, Gewalt, Vernachlässigung oder auch ständigen Wechsel von Bezugspersonen erleiden, entwickeln *Bindungsstörungen.* Diese Kinder können keine vertrauensvolle Bindung an ihre Hauptbezugspersonen (meistens die Eltern) entwickeln und haben in der Folge auch Probleme, vertrauensvolle Bindungen mit anderen Menschen einzugehen. In bedrohlichen Situationen suchen sie nicht Schutz bei der Hauptbezugsperson, sondern ziehen sich innerlich zurück, werfen sich jedem »an den Hals«, reagieren mit Krankheitssymptomen, um Beachtung und Fürsorge zu erhalten, oder reagieren übermäßig aggressiv.

Zusammenfassende Hinweise

- Versuchen Sie jeden Tag, Ihrem Kind Zeit zu widmen. Überhäufen Sie Ihr Kind nicht mit Spielsachen und Süßigkeiten, sondern schenken Sie ihm stattdessen *persönliche Zuwendung*. Dadurch zeigen Sie Ihrem Kind, dass eine liebevolle Beziehung wichtiger ist als Konsum.

- Besprechen Sie mit Ihrem Kind sowohl Ihre Tageserlebnisse als auch die Tageserlebnisse des Kindes. Erzählen Sie Ihrem Kind ruhig von sich, bitten Sie jedoch Ihr Kind, auch von sich zu erzählen. Außerdem ist ein geregelter Tagesablauf mit gemeinsamen Mahlzeiten (um Kontakt mit dem Kind zu pflegen) und einem geregelten Zubettgehen (um Übermüdung in Kindergarten oder Schule und dadurch bedingte Frustrationserlebnisse zu vermeiden) wichtig.

- Üben Sie ruhig etwas *gesunde Kontrolle* aus. Sie müssen wissen, ob Ihr Kind gefährliches, gewalttätiges oder kriminelles Verhalten zeigt. Sie müssen einhaken, wenn Sie nicht akzeptable, gemeinschaftsschädigende Verhaltensweisen Ihres Kindes bemerken. Versuchen Sie, mit Ihrem Kind darüber zu reden. Versuchen Sie, die Gründe zu verstehen, versuchen Sie, ein nachahmenswertes Vorbild vorzuleben.

- Lassen Sie andererseits Ihrem Kind auch ein Stück *Freiheit*, um eigene Erfahrungen zu machen. Schmutzige Kleider, ein paar harmlose Schrammen oder ein wohldosiertes Herumstöbern in der unmittelbaren Wohnumgebung sind für Ihr Kind notwendig, um eigene Erfahrungen zu sammeln. Übermäßiges Beschützen kann Ihr Kind entmutigen.

- *Überforderung* des Kindes führt zu Frustration. Eine angemessene, das jeweilige Kind nicht überfordernde Schulform ist wichtig, Freizeitinteressen und Begabungen des Kindes sind zu fördern, ohne jedoch zu überfordern.

- Jedes Kind braucht das Gefühl, einen *vertrauenswürdigen, erwachsenen Ansprechpartner* zu haben, gerade auch am Nachmittag. Wenn Sie nachmittags berufstätig sind, versuchen Sie, eine verlässliche, betreuende Anlaufstelle (Tageseltern, Hortplatz, Ganztagsschule etc.) für Ihr Kind zu organisieren.

Risikofaktor 6:
Massenmedienkonsum

Der Konsum bewegter Bilder (Fernsehen, Filme, Videos, DVDs, Internetaktivitäten, Spielekonsolen, Computerspiele etc.) drängt sich zunehmend in unser aller Leben. Befragungen in Deutschland 2005 ergaben, dass Viertklässler im Durchschnitt an einem Wochentag 91 Minuten fernsahen oder DVDs bzw. Videos anschauten, an Wochenendtagen sogar 136 Minuten. Zusätzlich kamen im Durchschnitt an einem Wochentag noch 30 und an einem Wochenendtag noch 57 Minuten PC-Spiele hinzu. Zeiten, die vor Spielekonsolen verbracht wurden, waren noch nicht mit eingerechnet. Außerdem sind aktuell etwa drei Viertel aller Grundschüler in Internetforen wie »Schüler-VZ« etc. aktiv, meist ohne elterliche Kontrolle.

Die »Bildschirmzeit« ist damit für viele Grundschulkinder länger als die Schulzeit. Viertklässler mit eigenem Fernseher im Kinderzimmer sehen ungefähr doppelt so lange wie Kinder ohne eigenes Gerät. Ebenso sehen Kinder, deren Eltern schon Lernprobleme hatten, doppelt so viel fern wie Kinder aus Familien ohne diese Probleme. Brutale PC-Spiele, die erst ab 18 Jahren zugelassen sind, werden von Kindern aus bildungsfernen Elternhäusern achtmal häufiger gespielt. Bei Jugendlichen der 9. Klassen verschärft sich die Situation noch mehr: An Wochentagen sitzen sie im Durchschnitt über vier Stunden vor Bildschirmen (Fernsehen, DVD, PC-Spiele, Internetsurfen etc.), an einem Wochenendtag im Durchschnitt fast sechs Stunden. Tendenz steigend!

Die Frage, ob *gewaltträchtige und ängstigende Bildschirminhalte* eine psychische Bedrohung für Kinder darstellen, wurde in der Wissenschaft lange kontrovers diskutiert. Mittlerweile sind diese negativen Auswirkungen als gesichert anzusehen: Frühzeitiger und ausgedehnter Bildschirmkonsum trägt dazu bei, dass Kinder Übergewicht, Schulprobleme, Aufmerksamkeits- und Konzentrationsstörungen sowie aggressive Verhaltensstörungen entwickeln. Amerikanische Wissenschaftler stellten fest, dass sich in abgelegenen dörflichen Lebensräumen nach der Einführung des Fernsehens die Anzahl der Gewalttaten weit mehr als verdoppelte. Das durchschnittliche amerikanische Kind sieht bis zum 18. Lebensjahr ca. 25 000 Morde im Fernsehen. Ängste und Schlafstörungen können die Folge sein, aber auch Abstumpfung gegenüber Gewalt und die Motivation zur Nachahmung.

Fernsehen, PC-Spielen, Internet-Beschäftigungen oder »Daddeln« an Spielekonsolen nehmen oft *Suchtcharakter* an. Die bewegten lebhaften Bilder mit Action und Power führen beim Betrachter zu einer Erregung. Das Abschalten des Geräts führt zu einer plötzlichen Erregungsleere. Der Betreffende fühlt ein unangenehmes Leeregefühl. Deshalb schalten viele Menschen zum Beispiel das Fernsehgerät gar nicht mehr aus – der laufende Fernseher wird zum Wegbegleiter, Tag für Tag, Nacht für Nacht. Zudem verbringen viele Eltern ihrerseits zunehmend Zeit vor dem PC. Dadurch wird das gemeinschaftliche Miteinander in Familien beeinträchtigt. Es wird weniger gesprochen, weniger zugehört, weniger gelesen, weniger gebastelt oder gemalt. Bildschirm-Beschäftigungen werden für viele Kinder oft zum Elternersatz.

Viele Kinder holen sich ihre *Vorbilder* aus dem Fernsehen, da ihre Eltern keine Zeit haben, keine Kraft oder einfach kein Interesse, sich mit ihren Kindern zu beschäftigen. Gerade diese Kinder leiden oft unter einem dauerhaften inneren Frustzustand durch Versagensgefühle (Schule), Perspektivlosigkeit (Arbeitslosigkeit der Eltern), Elterngewalt und fehlende Anerkennung. Bei diesen gefährdeten Kindern führen aggressive Fernsehinhalte sehr leicht zur Akzeptanz der eigenen Gewaltbereitschaft.

Es gibt wissenschaftliche Untersuchungen, die zeigen, dass ein Zusammenhang zwischen häufigem Fernsehen und abnehmenden Schulleistungen besteht. Bei Vorschulkindern konnte beobachtet werden, dass sich die Fähigkeit, einen Menschen zu malen, mit zunehmendem Fernsehkonsum massiv verschlechtert. Bei Schulkindern wird vor allem ein Zusammenhang zwischen Bildschirmmedienkonsum und Problemen im Lesen und Schreiben sowie mit dem Sprachverständnis gesehen. Kinder mit *Konzentrations- und Aufmerksamkeitsstörungen* zeigen häufig einen ausgeprägten Fernsehkonsum. Schulfrust und Sprachlosigkeit (die mangelnde Fähigkeit, über Probleme oder Gefühle zu sprechen) fördern jedoch das Entstehen von Gewalt.

Man könnte vermuten, dass die geschilderten Probleme gar nicht die Folge vermehrten Konsums von Bildschirminhalten sind, sondern dass übermäßiges Fernsehen,»Daddeln« an Spielekonsolen oder am PC ein weiteres Symptom bei Kindern mit Aufmerksamkeits-, Verhaltens- und Lernstörungen ist. Es wird mitunter gemutmaßt, dass die betroffenen Kinder ständig vor Bildschirmen sitzen, *weil* sie lernschwach sind, *weil* sie eine Aufmerksamkeitsstörung haben, *weil* sich ihre Eltern nicht um sie kümmern usw.

Neue experimentelle Untersuchungen machen jedoch deutlich, dass die Anschaffung einer Spielekonsole im Grundschulalter schon in den ersten Monaten nach der Anschaffung bei den betroffenen Kindern zu einer Beeinträchtigung des Lernverhaltens vor allem im Bereich Lesen und Schriftsprache führt. Bei gleichaltrigen Kindern, die in demselben Zeitraum keine Spielekonsole zu Hause zur Verfügung haben, zeigen sich diese Verschlechterungen nicht. Weitere experimentelle Untersuchungen an jungen Erwachsenen zeigen zudem, dass schon das Spielen gewalthaltiger PC-Spiele über einen Zeitraum von 90 Minuten unmittelbar danach zu deutlich schlechteren Konzentrationsleistungen führt. Ebenso konnten wissenschaftliche Untersuchungen belegen, dass selbst die kurzzeitige Beschäftigung mit gewalthaltigen PC-Spielen über 20 Minuten oder das Ansehen eines gewalthaltigen Films zu Abstumpfungsprozessen führt – die Betroffenen sind weniger mitfühlend und weniger hilfsbereit. Somit kann man sich gut vorstellen, was passiert, wenn sich schon Kinder häufig mit gewalthaltigen Spielen und Filmen beschäftigen. Zudem besteht eine klare *Verbindung zwischen Fernsehkonsum und Übergewicht.* Fernsehsüchtige Kinder bewegen sich weniger und essen häufig fettreiche Snacks zwischendurch. Übergewicht ist jedoch nicht selten eine Grundlage für Frustration und fehlende Akzeptanz in der Gleichaltrigengruppe.

Fernsehen oder der Konsum von Videos und DVDs spricht unsere menschlichen Hauptsinne – das Sehen und das Hören – gleichzeitig an, die Inhalte des Fernsehens werden somit als äußerst realitätsnah empfunden. Lesen oder das Zuhören einer Erzählung setzt jedoch immer wesentlich aktivere Denkprozesse bei den Kindern in Gang. Gelesenes oder Gehörtes wird in der Fantasie praktisch immer auch in Bilder übersetzt. Das bedeutet auch, dass sich ein Mensch beim Lesen oder Hören gewaltträchtiger Inhalte immer zuerst in der Fantasie sein eigenes Bild machen muss, und zwar so, dass dieses Bild vom betreffenden Menschen auszuhalten ist. Diese seelische Schutzfunktion wird beim Fernsehen unterlaufen. Beim Fernsehen kann ein Kind bei Horrorszenen nur wegschauen oder abschalten. Das kann es jedoch erst, wenn der Horroreindruck der vorangehenden Filmszene schon aufgenommen wurde.

Fernsehen ist aber auch ein nicht unerheblicher Werbeträger. Durch *Werbung* wird die Konsumorientierung unserer Kinder mit angeregt. Kinder merken tagtäglich, dass sie mit dem Konsum von verschiedensten Produkten (Süßigkeiten, industriellen Nahrungsmitteln, Kleidungsstücken, bestimmten Spielsachen usw.) innere Spannungen überspielen können. Ein ständiges Konsumieren führt jedoch nicht zu mehr Lebensglück, sondern nur zu einer Erhöhung der inneren Unzufriedenheit. Solche Unzufriedenheit wird in unserer Gesellschaft gerne erneut »wegkonsumiert«. Wie schon in vorangegangenen Abschnitten beschrieben, kann diese kindliche Konsumsucht auch eine Grundlage für Gewalt und Kriminalität darstellen. Somit kann Fernsehen und der Konsum von anderen Bildschirmmedien (Videos, DVDs, Spielekonsolen, PC-Spiele, Internetsurfen etc.) ein nicht unerheblicher Wegbereiter für problematisches Verhalten und Gewalt sein: durch die Beeinträchtigung der Konzentrationsfähigkeit und der schulischen Leistungen, durch die Beeinträchtigung der Fantasieentwicklung, durch die Beeinträchtigung der Sprachentwicklung, durch die Förderung von Gewaltnachahmung und durch die Förderung der Konsumhaltung in unserer Gesellschaft.

Zusammenfassende Hinweise

- Fernsehen sollte nicht verboten werden. Sein *Konsum* sollte aber *wohlüberlegt* sein. Wählen Sie zusammen mit Ihrem Kind über einen überschaubaren Zeitraum (zum Beispiel eine Woche) einzelne Filme aus, die angesehen werden dürfen. Sehen Sie sich, wenn möglich, diese ausgewählten Sendungen mit Ihren Kindern gemeinsam an, besprechen Sie anschließend das gemeinsam Gesehene, um es zu verarbeiten.
- Sie können zum Beispiel ein *Bildschirmzeitkonto* verabreden. Ein Bildschirmzeitkonto von vielleicht sieben Stunden die Woche könnte von den Kindern je nach den eigenen Interessen und Wünschen verbraucht werden. Ist am Sonntag zum Beispiel mal schlechtes Wetter und es werden drei Stunden Bildschirmzeit verbraucht, so bleiben für die restlichen sechs Tage der Woche noch vier Stunden. Dieses Vorgehen führt dazu, dass Bildschirmmedienkonsum wesentlich bewusster eingesetzt wird.

- Damit Kinder von der Konzentrations- und Verarbeitungsfähigkeit nicht überlastet werden, ist es wichtig, bestimmte Zeiten vor dem Bildschirm (Fernsehen, PC, Spielekonsolen, Gameboy, Nintendo etc.) nicht zu überschreiten. Für alle Bildschirmbeschäftigungen zusammen sollten pro Tag im Vorschulalter 30 Minuten, im Grundschulalter 60 Minuten und danach 120 Minuten nicht überschritten werden. Vor dem Alter von vier Jahren ist Fernsehen etc. einfach nur überflüssig.
- Faustregel: Für jede Stunde vor einem Bildschirm sollte sich Ihr Kind noch am gleichen Tag eine Stunde körperlich bewegen.
- Diskutieren Sie mit Ihren Kindern *Alternativen zum Fernsehen/zum PC/zur Spielekonsole:* Spiele, Lesen, Sport oder Basteln. Animieren Sie Ihre Kinder zum Lesen und lesen Sie kleinen Kindern täglich aus Kinderbüchern vor.
- *Gewalt- und Actionfilme, Horror- oder Pornofilme dürfen Kinder nicht sehen.* Sollten solche Filme allerdings zu Ihrer eigenen täglichen Lieblingsbeschäftigung als Eltern zählen, sollten Sie sich dringend Gedanken machen, wie es dazu kommt. Versuchen Sie sich, auch im Interesse Ihrer Kinder, beratende Hilfe im Gespräch (zum Beispiel bei Erziehungs- und Lebensberatungsstellen) zu holen.
- Das oben Gesagte gilt auch für Computerspiele, andere Bildschirmspiele, das Internetsurfen und das Multimedia-Handy: Auch hier bewähren sich Bildschirmzeitkonten. Gewalttätige oder pornografische PC-Spiele oder Internetinhalte müssen für Ihre Kinder tabu sein.
- Versuchen Sie *Werbespots* von Ihren Kindern weitestgehend fernzuhalten. Sie könnten die Werbepausen zum Beispiel für ein Gespräch mit Ihren Kindern nutzen. Reden Sie mit ihnen über die oft unehrlichen Botschaften, die durch Werbung vermittelt werden. Leben Sie Ihren Kindern vor, dass man auch zufrieden sein kann, ohne der Konsumsucht verfallen zu sein.

- *Informationen und Beratungsangebote* der Landes-
medienanstalten:
www.internet-abc.de (Informationen zur Internetnutzung für Kinder von sechs bis zwölf Jahren, Eltern,
Pädagogen)
www.klicksafe.de (Informationen zur Internetnutzung)
www.flimmo.de (Beratung für Eltern zum aktuellen
Fernsehprogramm)
www.handysektor.de (Informationen zur sicheren Nut-
zung von Handy, WLAN, Bluetooth etc. für Jugendliche)
- *Informationen über PC-Spiele* und deren pädagogische Beurteilung: Die Informationen auf diversen
Ratgeberseiten in diesem Bereich sind mitunter mit
Vorsicht zu genießen. Eine unabhängige Ratgeberseite
ist jedoch zum Beispiel www.spieleratgeber-nrw.de.

Schutzfaktoren

In den vorangegangenen Erläuterungen wurden die Auswirkungen problematischer Einflüsse aus dem Lebensumfeld der
Kinder beschrieben. Nun gibt es glücklicherweise viele Kinder, die trotz solcher widrigen Umstände keine Gewalttätigkeit oder Kriminalität entwickeln. Es gibt Schutzfaktoren, die
Kinder und Jugendliche davor bewahren, eine Störung des
Sozialverhaltens zu entwickeln, obwohl sie durch die oben beschriebenen Risikofaktoren belastet sind. Einen gewissen
Schutz vor problematischen Entwicklungen haben:

- Kinder mit positiver, freundlicher Grundstimmung, die
oft gut gelaunt oder »kleine Sonnenscheine« sind, die von
Natur aus ein ausgeglichenes Temperament haben
- Kinder, die nicht von ADHS betroffen sind

- Kinder mit gutem Arbeitsverhalten in der Schule, Kinder mit einer guten Intelligenz
- Kinder, die zu wenigstens einem Elternteil eine liebevolle, warmherzige Beziehung haben und von diesem Elternteil auch gut unterstützt werden
- Kinder, die in Haushalten mit geregeltem Tagesablauf, geregelten Ess- und Schlafgewohnheiten leben, in denen man sich um sie kümmert und weiß, was sie wann wo mit wem machen
- Kinder, die gute Kontakte zu erwachsenen Bezugspersonen außerhalb der Familie haben (Nachbarin, »Oma von gegenüber«, Lehrer oder Lehrerin etc.)
- Kinder, die guten Kontakt zu nicht problematischen Gleichaltrigen haben

Man kann diese Schutzfaktoren zwei Bereichen zuordnen:

- dem *Bereich der Veranlagung* (ausgeglichenes Temperament, positive Grundstimmung, Ehrgeiz, Lust zu lernen, gute Konzentrationsfähigkeit, gute Intelligenz),
- dem *Bereich der stabilen warmherzigen Beziehungen* (liebevoller Elternteil, positive Beziehung zu wohlwollenden Erwachsenen außerhalb der Familie, Kontakte zu positiv eingestellten Gleichaltrigen, die keine Verhaltensauffälligkeiten haben). Sie bieten ein gutes Vorbild, eine gute Beaufsichtigung und das Gefühl, geliebt und gemocht zu werden.

Der Bereich der stabilen warmherzigen Beziehungen hängt in hohem Maße von uns Eltern ab. Dieses Buch möchte Eltern und Erziehende dabei unterstützen, diesbezüglich persönlich weiterzukommen. Der Bereich der Veranlagung ist naturgemäß wenig beeinflussbar. Aber auch hier kann ein liebevoller Umgang, bei dem das Kind geachtet, ihm aber auch konsequent aufgezeigt wird, was man von ihm erwartet, die Grundstimmung verbessern. Ein gutes Vorbild kann die Lust am Lernen unterstützen, und tägliche Förderung (s. Anhang) kann auch Kindern mit geringerer Intelligenz bessere Startvoraussetzungen und damit weniger Frust in der Schule vermitteln.

Man kann somit als Eltern, Großeltern, Nachbar, Erziehender, Lehrender viel für Kinder tun und sie in ihrer Entwicklung unterstützen und damit problematischem Sozialverhalten vorbeugen. Wie das im Einzelnen gehen kann, erfahren Sie im Folgenden.

5

Verhaltensauffälligkeiten bei Kindern vorbeugen

Wenn Eltern es schaffen, eine liebevolle Beziehung zu ihren Kindern aufzubauen, klar und wohlwollend Grenzen aufzuzeigen und mit fairen Mitteln durchzusetzen, die in den vorigen Kapiteln beschriebenen Risikofaktoren einzudämmen und ein gutes Vorbild für einen friedfertigen Umgang miteinander zu sein, dann können sie viel dazu beitragen, derartige Probleme des Sozialverhaltens unserer Kinder zu verhindern.

Um zu gemeinschaftsfähigen Menschen zu werden, ist es notwendig, dass Kinder von ihren Eltern eine *Liebe und Wärme ausstrahlende Grundatmosphäre* erleben, auf deren Boden klare Regeln, die das gemeinschaftliche Miteinander erleichtern, vorgelebt und vermittelt werden. Diesen Prozess, die Verquickung von positiver Beziehungsgestaltung und Erziehung, beschreibe ich im Folgenden für die verschiedenen kindlichen Altersstufen.

Ein erzieherischer Umgang mit Kindern ist zu einem guten Teil erlernbar. Leider wird dieser Erkenntnis in unserem Gesellschaftssystem bis heute nur wenig Beachtung geschenkt. Elternkurse und Elterntrainings, in denen Eltern sowohl im Gespräch als auch in der praktischen Anleitung begleitet werden (s. Kapitel 7), gibt es allenfalls als Modellprojekte. Als begleitende Schulung für *alle* Eltern gibt es solche Angebote nicht. Die Möglichkeit der routinemäßigen Kontaktaufnahme zu jungen Eltern bei jedem neugeborenen Kind durch gesellschaftliche Betreuungsstellen, wie zum Beispiel Familienberatungsstätten, existiert leider ebenfalls nicht.

Erziehung bedeutet, dass das Kind von lebenserfahrenen erwachsenen Bezugspersonen liebevoll, aber bestimmt und konsequent in die Regeln des Miteinanders eingeführt wird. Die notwendigen Einschränkungen des Einzelnen lassen sich als *Regeln des Zusammenlebens* formulieren. Diese Regeln müssen von Ihnen als Eltern im Erziehungsprozess rechtzeitig bedacht werden, im familiären Einverständnis formuliert und in der Folge auch durchgesetzt werden. Regeln sind also für ein reibungsarmes menschliches Zusammenleben unbedingt notwendig. Und Regeln können auch schon von kleinsten Kindern gelernt werden, wenn sie kindgerecht (altersgerecht) und fair sind. Es gibt keine grenzenlose Freiheit. Die Freiheit des Einzelnen muss dort aufhören, wo diese Freiheitsbestrebungen die Freiheit des anderen beeinträchtigen.

Das bedingungslose autoritäre oder gewaltsame Unterbinden von kindlichen Erkundungen erzeugt beim Kind Ärger und Frustration. Somit ist dieser autoritäre Erziehungsstil *gewaltfördernd*. Das grenzenlose Gewährenlassen des kleinen Kindes mit den möglichen Folgen von Chaos und Zerstörung erzeugt jedoch auch bei den gutmütigsten Eltern mit der Zeit ebenfalls Anspannung und Ärger. Diese »gutmütigen« Eltern wollen ihren Ärger aber oft nicht zulassen. Dadurch verstärkt sich bei diesen Eltern nur der innere Druck. Die Gefahr von aggressiven Ausbrüchen der Eltern, wenn dann doch irgendein Tropfen das Fass zum Überlaufen gebracht hat, ist gegeben. Zusätzlich besteht das Risiko, dass der ständige untergründige Ärger bei diesen Eltern zur Ablehnung des Kindes führt, welche das Kind sehr wohl spürt. Des Weiteren hat ein grenzenlos aufwachsendes Kind keine Chance, wichtige Regeln des Zusammenlebens zu erlernen – ihm fehlt ein Vorbild und Modell. Spätestens beim Kontakt mit anderen Menschen außerhalb der Familie kann es dazu kommen, dass sich diese Menschen durch dieses grenzenlos handelnde Kind schnell in ihren eigenen persönlichen Grenzen verletzt fühlen. Dadurch besteht die Gefahr, dass dieses Kind wieder Ablehnung und Frustration erfährt. Somit zeigt sich, dass auch ein grenzenloser Erziehungsstil gewalt- und aggressionsfördernd wirken kann.

Erziehung sollte somit einen Weg gehen, der das Kind ermutigend und fördernd begleitet, der es seine Freiheit erkunden lässt, der andererseits aber auch die Grenzen im Leben klar aufzeigt und einfordert. Das Kind muss einerseits bestimmte Regeln und Grenzen kennen und auch ertragen lernen, damit seine Mitmenschen nicht unter ihm leiden müssen. Es muss die Rechte des anderen respektieren lernen und in diesem Sinne wohlwollend, aber klar und bestimmt eingeschränkt werden. Dem Kind muss andererseits das wichtige Recht zugebilligt werden, sich auszuprobieren, seine Umwelt zu erkunden und auch zu lernen, an die Grenzen des anderen zu stoßen. Es darf also nicht dauerhaft eingeschränkt und behindert werden, weil es sonst innerlich verkümmert.

1948 wurde von der UN-Vollversammlung die »Allgemeine Erklärung der Menschenrechte« veröffentlicht. In Artikel 5 dieser Deklaration heißt es: »Niemand darf der Folter oder grausamer, unmenschlicher oder erniedrigender Behandlung oder Strafe unterworfen werden.« Dieser Artikel beinhaltet somit das Verbot jeglicher entwürdigender Maßnahmen, vom Verbot aller Formen von Züchtigungen in der Erziehung bis hin zum Verbot von Gewaltanwendung bei sogenannten »Ehrenstrafen« oder anderweitig motivierter Gewalt. 1989 wurde sodann von der UN-Vollversammlung die UN-Kinderrechtskonvention veröffentlicht, deren Artikel 19 noch einmal ausdrücklich allen Kindern (unter 18 Jahren) Schutz vor Gewalt, Misshandlung und Vernachlässigung zuspricht. Erst im Jahr 2000 wurde dann in Deutschland das

Verbot von körperlicher oder seelischer Gewaltausübung durch Eltern im § 1631 des Bürgerlichen Gesetzbuchs verankert.

Auf dem Boden dieser rechtlichen Vereinbarungen müssen auch die Regeln für das Zusammenleben von Menschen innerhalb und außerhalb der Familie formuliert werden. Die Regeln des Zusammenlebens und die Mittel und Wege der kindlichen Förderung einerseits und der kindlichen Einschränkung andererseits müssen rechtzeitig bedacht werden. Über diese Regeln des menschlichen Zusammenlebens lässt sich sicher diskutieren und streiten. Die Regeln können in jeder Familie etwas anders aussehen. Sie sollten von allen Beteiligten als fair empfunden werden. Sie sollten in einem kurzen Satz, der am besten mit dem Wort »Wir ...« beginnt, formuliert werden, denn die Regeln sollten für alle in der Familie gelten – Eltern wie Kinder. Natürlich gibt es altersabhängige Regeln, zum Beispiel gehen die Kinder früher zu Bett als die Erwachsenen. Diese Ausnahmen müssen im familiären Gespräch besprochen und erklärt werden, dann werden sie von den Kindern auch akzeptiert. Die Regeln können sehr gut im Rahmen eines Familienrates vereinbart werden (s. Seite 104 f.). Andererseits kann es auch nötig sein, als Eltern Regeln einfach festzulegen, vor allem dann, wenn die Kinder noch klein sind. Zudem hat es sich bewährt, diese Regeln positiv zu formulieren, das heißt auf das Wort »nicht« zu verzichten. Denn dadurch, dass wir miteinander zum Beispiel vereinbaren: »Wir gehen friedfertig miteinander um, auch wenn wir uns streiten«, vermitteln wir den Kindern viel besser, was wir voneinander erwarten, als wenn wir sagen: »Wir hauen uns nicht.« Solche Formulierungen sind manchmal nicht so einfach zu finden. Aber dadurch lernen Kinder schon früh, unsere Sprache feinfühliger zu nutzen. Die Anzahl der Regeln sollte zudem überschaubar bleiben.

Im Folgenden möchte ich ein paar *Leitpfeiler für die Regeln menschlichen Zusammenlebens* vorstellen.

Ein Kind muss lernen, Gegenstände und seine Umgebung nicht mutwillig und sinnlos zu zerstören.

Dem widerspricht nicht, dass natürlich auch das Zerstören und Auseinandernehmen von Dingen zum gesunden Erkundungsdrang junger Kinder gehört.

Wenn aufeinandergesteckte Duplo- oder Legosteine lustvoll weggeworfen werden und dabei auseinanderspringen, so kann das eine wertvolle Lebenserfahrung für junge Kinder sein.

Wenn jedoch Papas Brille verbogen wird oder Nachbars Blumen aus dem Blumenbeet herausgerupft werden, so vermittelt das zwar auch wichtige Lebenserfahrungen (möglicherweise auch ohne Schädigungsabsicht), andererseits handelt es sich dabei aber auch um eine eindeutige Grenzüberschreitung gegenüber anderen Menschen und Dingen, die diesen Menschen gehören.

Diese Grenze ist nicht immer klar umrissen, es ist jedoch wichtig, dass Kinder lernen, auch die Unversehrtheit materieller Dinge ihrer Umgebung zu respektieren. Wenn Kinder schon frühzeitig Achtung auch vor unbelebten Gegenständen und Dingen ihrer Umgebung erlernen, ist es ihnen später möglich, Achtung vor Umwelt und Natur zu haben. Die formulierte Regel könnte lauten: »*Wir gehen behutsam mit Tieren, Pflanzen und allen Sachen um.*«

Das Kind sollte davor geschützt werden, sich selbst zu gefährden.

Es ist beispielsweise als selbstverständlich anzusehen, dass ein kleines Kind unbedingt daran gehindert werden muss, auf eine stark befahrene Straße zu laufen.

Ein Kind muss lernen, das Recht anderer Menschen auf Unversehrtheit zu respektieren.

Eine Zweijährige auf dem Spielplatz muss zum Beispiel lernen, den anderen Kindern nicht mit einer Sandschaufel auf den Kopf zu schlagen.

Die zusammenfassende Formulierung für diese beiden Regeln könnte lauten:»*Wir gehen behutsam mit uns selbst und anderen Menschen um.*« Kinder können daran schon früh lernen, was zum Beispiel das Wort»behutsam« bedeutet, da in wohlwollenden innerfamiliären Gesprächen immer wieder solche Haltungen besprochen und erklärt werden können (s.»Familienrat«, Seite 104 f.).

Zur Erleichterung menschlichen Zusammenlebens haben Menschen im Laufe der Jahrtausende *zwischenmenschliche Werte* entwickelt. Die Verinnerlichung zwischenmenschlicher Werte macht nicht unfrei, sondern befähigt erst zum freiheitlichen, verantwortungsvollen Umgang miteinander. Zu diesen Werten gehören der Respekt vor sich selbst und vor anderen, Wahrhaftigkeit, Ehrlichkeit, Fairness, Verantwortungsbewusstsein, Mitgefühl und Einfühlungsvermögen, Dankbarkeit, Freundschaft und Friedfertigkeit etc. Diese Werte können nicht aufgezwungen werden. Diese Werte können und müssen zwar immer wieder im Erziehungsprozess angesprochen werden, das Wesentliche ist jedoch, dass wir Eltern sie *vorleben*. Die Sinnhaftigkeit eines solchen Wertesystems kann sich jeder vor Augen führen, indem er sich klarmacht, dass es auch für ihn persönlich am angenehmsten ist, freundlich und respektvoll behandelt zu werden, nicht belogen zu werden, bei Schmerz und Trauer einen aufrichtig mitfühlenden Menschen an seiner Seite zu haben und sich auf Freundschaft verlassen zu können.

Die Werte, die in einer Gesellschaft bedeutsam sind, scheinen einem immerwährenden Wandel zu unterliegen.

Während vor 50 Jahren »klassische Werte« wie Dankbarkeit, Höflichkeit, Hilfsbereitschaft noch von großer Bedeutung waren, sind heutigen Eltern oft Werte wie Selbstbewusstsein und Eigenständigkeit ihrer Kinder wichtiger. Solcher *Wertewandel* hängt mitunter damit zusammen, dass die Werte der Großeltern den heutigen Eltern in ihrer Kindheit mit Druck und Strenge vermittelt wurden, sodass die so erzogenen späteren Eltern nicht nur den autoritären Erziehungsstil ihrer Eltern ablehnen, sondern auch die Werte, die vermittelt wurden. Nun ist die Ablehnung autoritärer Erziehungsstile berechtigt. »Klassische« Werte wie die oben genannten sind jedoch für alle Zeiten für das menschliche Zusammenleben sinnvoll, da sie dabei helfen, das Miteinander friedlicher und reibungsloser zu gestalten. Andererseits ist Selbstbewusstsein für jeden Menschen etwas sehr Wichtiges, welches gut vor psychischen Problemen schützt. Selbstbewusstsein muss jedoch mit der Fähigkeit, über sich und sein Verhalten nachzudenken und sich und sein Verhalten mitunter auch infrage zu stellen, verbunden sein. Denn sonst zieht man mitunter egoistische, wenig einfühlsame Menschen heran, die stets nur ihren persönlichen Vorteil sehen und deren Sozialverhalten nicht immer unproblematisch ist. Untersuchungen an jugendlichen Strafgefangenen zeigten bei den Betroffenen erstaunlich hohe Selbstwerteinschätzungen.

Somit ist es sinnvoll, durch *liebevolles Vorbild* neben den oben genannten »klassischen Werten« Werte wie Selbstbewusstsein und Selbstständigkeit zusätzlich zu vermitteln und nicht die letztgenannten an die Stelle der altbewährten zu setzen. Kinder, die offen, freundlich, höflich *und* selbstbewusst sind, sind nun mal im Umgang mit anderen Menschen viel angenehmer als Kinder, die egoistisch ihre Ziele verfolgen und die weder »Bitte« noch »Danke«, weder »Guten Tag« noch »Auf Wiedersehen« kennen. Die letztgenannten Kinder werden es als Erwachsene schwer haben, da keiner so wirklich etwas mit ihnen zu tun haben will.

Die Lehrerin in einer 2. Klasse hat eine gute Beziehung zu ihren Schützlingen. Jeden Morgen wird sie von den Kindern bestürmt, die ihr die Erlebnisse des letzten Nachmittags erzählen wollen. Sie wird umarmt und auch schon mal »Mama« genannt. Sie hilft, wenn Kinder Hilfe brauchen, tröstet, wenn Tränen fließen, und hat immer ein offenes Ohr. Trotzdem kommt es vor, dass die Kinder lachen, wenn ihr etwas hinfällt, und dass kein Kind auf den Gedanken kommt, ihr beim Aufheben zu helfen.

Durch das alltägliche Vorbild der Lehrerin und durch Gespräche mit der Klasse im Stuhlkreis wurde die Haltung vieler Kinder besser. Aber es zeigt sich, dass bei vielen Kindern im häuslichen Umfeld offensichtlich wenig Wert auf Freundlichkeit und Hilfsbereitschaft gelegt wurde und wird. Solche Entwicklungen können wesentlich dazu beitragen, dass unser gesellschaftliches Miteinander unfreundlicher und selbstsüchtiger wird. Eltern müssen sich überlegen, ob sie das wirklich wollen. Der Grundstein hierfür wird in den ersten Lebensjahren gelegt.

Ein neunjähriger Junge stiehlt seiner Mutter immer wieder Geld aus der Geldbörse. Auch als die Mutter das Geld schließlich in seiner Schultasche findet, leugnet er, das Geld gestohlen zu haben. Er behauptet, das Geld hätte seine Schwester entwendet. Diese wiederum schiebt die Schuld auf ihren Bruder. Die Mutter versucht nicht den Sachverhalt zu klären, sondern verhängt eine strenge Strafe, nämlich das, was sie gerne als Strafe verhängt: Stubenarrest für eine Woche. Diese Strafe gilt für beide Kinder, obwohl ein Kind unschuldig war. Am nächsten Tag verlassen die Kinder trotzdem das Haus zum Spielen, die Mutter greift nicht ein.

In diesem Beispiel zeigt sich, dass in der betreffenden Familie ein Klima der Unaufrichtigkeit herrscht. Mindestens ein Kind stiehlt, die Mutter weiß nicht, wem sie glauben soll, sie legt Gleichgültigkeit bezüglich der Aufklärung der Tat an den Tag. Diese Gleichgültigkeit entspricht einer Respektlosigkeit dem unschuldigen Kind gegenüber. Stattdessen verhängt sie eine überzogene Strafe, die wohl selbst vom schuldigen Kind als unfair erlebt werden wird. In einem weiteren Schritt wird die von der Mutter angekündigte Strafe nicht konsequent eingehalten. Damit macht sich die Mutter ihren Kindern gegenüber selbst unglaubwürdig. Somit ist es verständlich, dass die Kinder auch zukünftig Unaufrichtigkeit gegenüber anderen Menschen praktizieren werden. Denn ihre Mutter lebt es ihnen ja nicht anders vor. Werden diese oben aufgezählten, positiven Werte nicht von uns Eltern vorgelebt, so kann dadurch der Entwicklung eines problematischen Sozialverhaltens Vorschub geleistet werden.

Die Fähigkeit, eine liebevolle und tragfähige Beziehung zu knüpfen, ist manchen Eltern nicht möglich. Beziehung zu erlernen ist nicht so leicht möglich, wie Erziehung zu erlernen. Die Fähigkeit, Beziehungen aufzubauen, ist immer sehr eng mit der eigenen Lebensgeschichte des Betroffenen verbunden. Jemand, der als Kind selbst Wärme, Nähe und Freundlichkeit gespürt hat, hat dadurch gelernt, vertrauensvolle Beziehungen zu anderen Menschen zu entwickeln. Dieser Mensch hatte sozusagen das Glück, ein gesundes Urvertrauen zu entwickeln. Menschen, die als Kinder selbst nur Kälte, Angst und Unzuverlässigkeit erlebten, konnten schon als Kinder kein Urvertrauen zu ihren Bezugspersonen entwickeln.

Eine befriedigende Beziehungsfähigkeit lässt sich im Erwachsenenalter nicht einfach nachlernen. Bei gestörter Beziehungsfähigkeit kann bei entsprechender Motivation des Betroffenen jedoch eine psychotherapeutische Behandlung sehr hilfreich sein.

6

Erziehung und Beziehungsgestaltung

in den verschiedenen Entwicklungsphasen des Kindes

In diesem großen Kapitel wird erläutert, was Kinder in verschiedenen Altersstufen wahrnehmen und empfinden, welche natürlichen Bedürfnisse die Kinder haben und welche Konsequenzen sich daraus für den Umgang mit Kindern ergeben. Vielleicht wird Ihnen dadurch das Einfühlen in Ihr Kind im jeweiligen Lebensalter erleichtert. Beispiele mit alltäglichen Konfliktsituationen werden geschildert.

Es werden Vorschläge gemacht, wie solche Konfliktsituationen ohne zerstörerische Gewalt durchlebt werden können, ohne dass beim Kind eine Verhaltensauffälligkeit durch problematisches elterliches Erziehungsverhalten ausgelöst wird.

Das erste Lebensjahr

Was nimmt das Kind wahr, welche Empfindungen hat es?

Babys suchen von Anbeginn Nähe, Wärme und Geborgenheit und können sich bei Unbehagen nur durch Schreien mitteilen. Sie können von Anfang an sehen, hören, riechen, schmecken. Diese Fähigkeiten reifen mit der Zeit weiter aus. Schon in den ersten zwölf Lebensstunden können Babys die Stimme ihrer Mutter erkennen. Erst mit sechs bis acht Wochen jedoch sind die Babys allmählich in der Lage, Blickkontakt aufzunehmen. Mit drei bis vier Monaten können sie gezielt Gegenstände ergreifen, sie erleben das Gefühl der Bewegung und den Eindruck der gesehenen Bewegung als sensomotorisch gekoppelte Erfahrung gleichzeitig. Babys führen ergriffene Gegenstände zum Mund, um ihre Umgebung mit Händen und Mund kennenzulernen. Der feine Zangengriff mit Zeigefingerspitze und Daumen wird in der Folgezeit jedoch erst mit zehn bis elf Monaten erlernt. Im Alter von acht bis neun Monaten können sie Gegenstände auch gezielt fallen lassen (daraus kann sich ein beliebtes Spiel entwickeln). Mit sechs Monaten drehen sich die Kinder vom Rücken auf den Bauch, um dann allmählich den »Vierfüßlerstand« zu erlernen und mit neun Monaten zu krabbeln, mit zwölf Monaten zu laufen. Die individuellen Entwicklungen sind jedoch von Kind zu Kind sehr unterschiedlich, manche lernen schon mit zehn Monaten das freie Laufen, andere erst mit 18 Monaten, ohne dass dies krankhafte Hintergründe haben muss.

Anfangs sind die Babys also absolut hilflos. Mit sechs bis acht Monaten lernen sie sich fortzubewegen und beginnen somit, ihrer Hilflosigkeit zu entwachsen. Es erwacht ein ausgeprägter Erkundungsdrang. Auch Denkvorgänge reifen allmählich beim Baby heran. Mit etwa acht bis neun Monaten lernen die Kinder, dass Personen oder Gegenstände auch dann noch existieren, wenn sie diese nicht sehen (*Objektpermanenz*). Auch dies ist ein wichtiger Entwicklungsschritt aus der allgemeinen Hilflosigkeit. Vorher sind die Kinder für ihr Wohlbefinden auf ganz engen Kontakt zu ihren Eltern angewiesen, sie müssen getragen werden, um die Welt auf dem sicheren Arm ihrer Bezugspersonen kennenzulernen und Vertrauen aufzubauen. Sprache lernen die Kinder vom ersten

Lebenstag an durch Hören und allmähliches Nachahmen, so-dass sie mit etwa einem Jahr die ersten Worte sprechen können. Die Kinder verstehen in diesem Alter jedoch schon sehr viel mehr, als sie selber sprechen können. Je größer die Erfahrung des Kindes in der vorsprachlichen Kontaktaufnahme zu seinen Eltern ist, desto intensiver erlebt es sodann einen Fremden, der diese ganz persönliche »Sprache« zwischen Eltern und Kind nicht beherrscht, als fremd. Dieses empfundene Fremdsein macht dem Baby von acht bis neun Monaten Angst. Es tritt die sogenannte Achtmonatsangst oder das »Fremdeln« auf. Bei manchen Kindern kommt es sogar früher zu diesem Fremdeln. Mit zunehmender Fähigkeit, sich sprachlich verständlich zu machen, verschwindet diese Angst dann wieder.

Die verschiedenen Gefühlsarten können schon von Säuglingen gespürt und empfunden werden. Durch Untersuchungen des Gefühlsausdrucks im menschlichen Gesicht konnte erkannt werden, dass Gefühle wie Ekel, Überraschung und Neugier schon im ersten Lebensmonat empfunden werden können. Spätestens mit sechs Wochen lässt sich bei den Babys auch Freude beobachten. Gefühle wie Traurigkeit und Ärger sind im Alter von drei bis vier Lebensmonaten spürbar. Furcht lässt sich schon bei sechs Monate alten Kindern beobachten. Im Alter von sieben bis neun Monaten beginnt das Kind zu entdecken, dass es Gefühle mit anderen teilen und sich diesbezüglich anderen gegenüber mittels Gestik, Mimik und Blickkontakt mitteilen kann. Es entwickelt sich beim Baby allmählich ein Gefühl für sich selbst. Mit zunehmender Bewegungsentwicklung empfindet sich das Kind als »wirkmächtig«. Es ist in der Lage, etwas zu bewirken, und fühlt sich toll und grandios, wie das Zentrum der Welt.

Wie sollte Beziehung und Erziehung im ersten Lebensjahr gestaltet sein?

Für das Kind ist es wichtig, dass die Beziehung zu seinen Eltern einen freundlichen und warmen Charakter hat, die
Grundatmosphäre in der Eltern-Kind-Beziehung sollte positiv sein. Das heißt nicht, dass die Erwachsenen im Umgang
mit dem Baby immer nur lächeln müssten und immer nur
freundlich und zärtlich zu sein hätten, auch wenn ihnen in der
Tiefe ihres Herzens nicht danach ist. Denn eine gute Beziehung hat auch mit gefühlsmäßiger Ehrlichkeit und Echtheit
zu tun. Wenn Sie nur Freundlichkeit vorspielen und im Inneren eher vor Wut kochen, so wird dieser Unterschied vom
Baby sehr wohl wahrgenommen und kann zu einer Verunsicherung des Kindes beitragen. Man darf als Eltern auch mal
genervt und ärgerlich sein, man darf sich auch einmal zurück-
ziehen, um »tief durchzuatmen« und wieder zu Kräften zu
kommen. Denn die für ein Baby so wichtige liebevolle Zuwendung kann natürlich auch kräftezehrend sein. Wenn Ärger, Verzweiflung und Rückzugswunsch jedoch zu einem elterlichen Dauerzustand werden und die elterlichen positiven
Gefühle zum Baby zeitlich kaum noch auftreten, besteht die
Gefahr, dass sich eine gestörte Beziehung mit all den Gefahren, die daraus erwachsen, entwickelt.

Auch negative elterliche Gefühle gegenüber dem Kind
haben ihren Hintergrund. Diese negativen Gefühle dürfen jedoch nicht direkt gegenüber dem Kind ausgelebt werden. Ein
Baby darf nicht geschlagen, nicht geschüttelt und nicht ruppig
angefasst werden. Ein Baby darf nicht angeschrien werden.
Ein Baby sollte nicht stundenlang schreiend liegen gelassen
werden. Ein Baby sollte nicht allein gelassen werden.

Mit der Ankunft eines Babys in einer Familie ändert sich
schlagartig der gesamte Lebensablauf, auch die Partnerschaft
zwischen Mann und Frau wird dadurch verändert. Junge

Mütter geraten leicht in eine Situation der Überforderung, wenn sie all ihre Aufgaben perfekt lösen wollen. Ein perfekter Haushalt lässt sich mit einem jungen Baby nicht führen. Daher ist es wichtig, dass beide Elternteile akzeptieren, dass nunmehr das Baby die Hauptperson ist und die Hauptaufgabe für beide darstellt. Vor allem junge Väter müssen lernen, Verständnis dafür aufzubringen, dass der Lebensablauf anders ist als vorher. Der Haushalt muss zur Nebensache erklärt werden. Selbst die (sexuelle) Beziehung zwischen Mann und Frau tritt oft für eine gewisse Zeit in den Hintergrund. Denn das Baby braucht in seiner Hilflosigkeit in den ersten sechs bis acht Lebensmonaten ständig das Gefühl, nicht allein zu sein, umsorgt zu werden, sicher und geborgen zu sein. Andererseits ist es enorm wichtig, dass Eltern auch auf ihr eigenes Wohlergehen achten. Denn je besser es uns Eltern geht, desto besser können wir auch mit unseren Kindern umgehen. Daher: Tägliche Ruhezeiten zwischendurch, tägliche Entspannungsphasen, täglich etwas Schönes nur für sich selbst machen (und wenn es nur eine Viertelstunde dauert) – all das ist wichtig! Denn durch ein tägliches angenehmes Miteinander wird der Grundstein für eine gute Beziehung gelegt bzw. die gute Beziehung zu unseren Kindern gepflegt.

Gerade in den ersten drei bis vier Lebensmonaten sind viele Babys sehr unruhig, schreien viel und können dadurch ihre Eltern sehr beunruhigen und beanspruchen. Erst allmählich lernen Eltern das Schreien ihres Babys zu deuten: Es bedeutet Hunger, Schmerz, Einsamkeit, Unwohlsein etc. Es gibt aber auch das unspezifische Schreien – ein Schreien ohne einen für uns Erwachsene sichtbaren Grund. Die Babys lassen sich kaum beruhigen, schreien mitunter stundenlang und die Eltern sind dadurch extrem belastet, da sie das Gefühl haben, nichts tun zu können. Dieses unspezifische Schreien wird oft auch als Säuglingskolik oder Dreimonatskolik bezeichnet, obwohl Bauchkoliken meist nicht die Ursache sind. Es gibt Babys, die von Natur aus sehr irritierbar sind und die sich schlecht selbst beruhigen können. Der Höhepunkt des Schreiens findet sich meist im Alter von vier bis acht Wochen. Allmählich wird es besser, wenn die Kinder lernen, sich selbst zu beruhigen (Nuckeln an der Hand, Blickabwendung, Selbstablenkung etc.). Fast alle Babys schreien im genannten Alter vor allem in den Abendstunden. Das liegt an Entwicklungsprozessen im Nervensystem. Es braucht eine gewisse Zeit, bis der Tag-Nacht-Rhythmus mit dem Rhythmus des Schlafbedarfs synchronisiert wird.

Also: Babys wollen ihre Eltern nicht ärgern, wenn sie extrem viel schreien, sondern ihr Nervensystem muss noch reifen. Eltern können ihre Babys dabei unterstützen, zur Ruhe zu kommen, indem auch sie selber in diesen Phasen ruhig und liebevoll mit ihnen umgehen und sie nicht auf dem Arm ruckeln oder gar schütteln. Und wenn sich Eltern überfordert fühlen, müssen sie sich Unterstützung holen (durch eine Untersuchung beim Kinderarzt, eine Beratung in Schreiambulanzen, durch Freunde, Nachbarn, Verwandte, die das Baby regelmäßig auch mal für ein, zwei Stunden übernehmen).

Körperliche Nähe, gestreichelt werden, massiert werden, sind sehr wichtige Erlebnisse für Ihr kleines Kind. Wenn Ihr Baby weint, heißt das nicht immer, dass es Hunger hat. Wenn Sie Ihr Baby hochnehmen, trösten Sie es zuerst mit Ihrer körperlichen Zärtlichkeit. Erst wenn es sich dadurch nicht beruhigen lässt und Sie sich weiterhin unsicher über die Ursache des Schreiens sind, sollten Sie Nahrung anbieten, am besten durch das Stillen an der Brust, da Stillen auch für die Beziehung zwischen Mutter und Kind förderlich ist. Sollten Sie nicht stillen können, gibt es unter ernährungsphysiologischen Gesichtspunkten heutzutage gute Alternativen zur Muttermilchernährung. Es ist jedoch nicht gut, wenn Ihr Baby bei jedem Weinen oder Schreien zuerst die Flasche in den Mund gesteckt bekommt, ungeachtet der Tatsache, ob es wirklich Hunger hat.

Da Babys immer ein großes Saug- und Nuckelbedürfnis haben, wird Ihr Kind auch an der angebotenen Flasche trinken, ohne wirklich hungrig zu sein – obwohl es sich vielleicht nur einsam oder traurig fühlt. Wenn Ihr Kind ständig die Erfahrung macht, bei seelischer Not mit Nahrung getröstet zu werden, kann hier der Grundstein für spätere Essstörungen mit Übergewicht gelegt werden. Das gilt natürlich auch für ältere Kinder. Immer wieder ist leider zu beobachten, dass Eltern ihren Kindern auch noch im Alter von zwei bis drei Jahren die Trinkflasche geben, wenn sie weinen, ängstlich oder ärgerlich sind. Trost durch zwischenmenschlichen Kontakt, durch das Tragen des Babys auf dem Arm, durch das In-den-Arm-Nehmen eines erwachsenen Mitmenschen oder einfach nur durch Dasein und Zuhören wirkt viel grundlegender.

Da Babys viel schlafen, sollte man sich über den Schlafplatz rechtzeitig Gedanken machen. Neugeborene schlafen im Durchschnitt 17 Stunden pro Tag, mit einem Jahr schlafen die Kinder durchschnittlich immer noch 13 Stunden. Es ist gut, wenn Ihr Kind in den kurzen zwischenzeitlichen Phasen des Erwachens bis zum erneuten Einschlafen spürt, nicht allein zu sein. Das lässt sich dadurch gewährleisten, dass Ihr Kind tagsüber dort schläft, wo Sie sich auch aufhalten, oder dass Sie beim Erwachen (Weinen) rasch zum Baby hingehen, um es zu trösten und ihm zu zeigen: »Du bist nicht allein«.

Auch für den Nachtschlaf ist es förderlich, wenn das Baby in der Nähe seiner Eltern ist. Es könnte zum Beispiel im selben Zimmer schlafen, vielleicht in einem separaten Bettchen, vielleicht im Elternbett. Sollte sich dadurch jedoch das Gefühl des inneren Drucks oder eine Spannung zwischen den Eltern entwickeln, so müssen andere Formen des Ein- und Durchschlafens gefunden werden. Zum Beispiel kann Babys durchaus in einer liebevollen Art beigebracht werden, im eigenen Zimmer zu schlafen, ohne dass dadurch bedrohliche Ängste hervorgerufen werden. Dies sollte jedoch idealerweise erst dann versucht werden, wenn die Babys im Rahmen ihrer Bewegungsentwicklung die Phase ihrer motorischen Hilflosigkeit überwinden gelernt haben und die Objektpermanenz (s. Seite 82) erreicht ist, also mit etwa acht Monaten. Trotzdem kann ein Schlaftraining mitunter auch bei jüngeren Kindern notwendig werden, wenn die Belastung für die Eltern ansonsten zu groß würde. Ein solches Schlaftraining kann für die Einschlafphase und für das Durchschlafen genutzt werden.

Schlaftraining

Nach einem kurzen, liebevollen »Bettgehritual« wird das Kind in sein Bett gelegt, die Eltern verlassen danach den Raum. Wenn das Kind weint, wartet man fünf Minuten, um dem Kind Gelegenheit zu geben, von selbst wieder einzuschlafen. Wenn das Kind weiterweint, geht man zu ihm, sagt ihm ein paar liebe Worte mit einem Lächeln, streichelt es kurz über den Kopf, sagt, dass jetzt Zeit zu schlafen ist, und verlässt den Raum wieder, ohne das Kind aus dem Bett zu nehmen und ohne ihm irgendwelche zusätzlichen Spielzeuge oder Einschlafhilfen zu geben. Wenn das Kind dann weiter weint, warten Sie erneut fünf bis zehn Minuten und wiederholen das Vorgehen. Das macht man so lange, bis das Kind eingeschlafen ist, auch wenn es anfangs einmal zwei Stunden dauern sollte.

Wenn man dieses Vorgehen konsequent (!) durchhält, schlafen die meisten Babys nach wenigen Tagen problemlos ein oder durch. Denn sie haben gelernt: Zur Schlafenszeit muss ich im Bett bleiben, ich bin nicht allein, aber ich werde nicht mehr herausgeholt. Dieses Training kann man jedoch nur durchführen, wenn man selbst das Gefühl hat, dass dieses Vorgehen das Richtige ist, und wenn der Zeitpunkt passt (man muss ja mitunter einige Tage mit Geduld, Kraft und freundlicher Haltung gegenüber dem Kind durchhalten).

Ab dem sechsten bis achten Lebensmonat macht die Bewegungsentwicklung rasche Fortschritte. Dadurch vermindert sich allmählich der Grad der Hilflosigkeit des Kindes. Der Erkundungsdrang nimmt zu. Die Fähigkeit, mit den bekannten Bezugspersonen in Kontakt zu treten, ist vielgestaltiger. Kinder bauen zunehmend Erwartungshaltungen auf und wissen allmählich schon im Voraus, was sie zu bewirken imstande sind und wie sie bestimmte Ziele, zum Beispiel ein entfernt stehendes Spielzeug gereicht zu bekommen, erreichen können. Mit ihrem motorischen Erkundungsdrang machen die Kinder zunehmend die Umgebung »unsicher«. Das Kind stößt immer öfter an die Grenzen anderer Menschen, die diese jedoch nicht überschritten wissen wollen. Ab dem achten Lebensmonat können somit die ersten behutsamen erzieherischen Grenzsetzungen durch die Eltern notwendig werden.

Ein elf Monate alter Junge kratzt mit einem Spielzeugauto aus Metall über einen niedrigen Beistelltisch aus Holz. Er freut sich unbändig über die »schönen« kratzenden Geräusche, die Mutter erschrickt jedoch über die aus ihrer Sicht nicht akzeptablen Kratzspuren auf der Tischplatte.

Für die Mutter ist in diesem Beispiel eine Grenze überschritten. Sie könnte zum Beispiel folgendermaßen reagieren: Sie geht sofort zu ihrem Kind, kniet sich neben ihm nieder, nimmt seine Händchen, schaut ihm in die Augen und sagt: »Ich möchte nicht, dass du mit dem Auto den Tisch zerkratzt. Dadurch geht die Platte kaputt.« Danach nimmt sie ihr Kind auf den Arm und geht mit ihm in eine andere Ecke des Zimmers, setzt den kleinen Jungen auf den Teppichboden, wo er sein Spiel mit dem Auto fortsetzen kann. Die Mutter handelt sofort, konsequent und fair – angemessen. Dadurch hat die Mutter dem Kind mit einfachen Worten mitgeteilt, dass sie sein Verhalten nicht akzeptiert. Sie teilt diese klare Botschaft dem Kind in Form einer sogenannten Ich-Botschaft mit:»Ich möchte nicht, dass du mit dem Auto den Tisch zerkratzt.« Durch eine Ich-Botschaft wird eine Beziehung zum Kind hergestellt. Sie wird meistens nur durch einen kurzen Satz ausgedrückt. Man kann mit einer Ich-Botschaft die eigenen Gefühle (zum Beispiel Angst, Ärger, Enttäuschung, Traurigkeit, aber auch Freude, Glück, Liebe, Hoffnung etc.), die eigenen Ansichten und Wünsche zum Ausdruck bringen. Dieses Vorgehen ist besser als allgemein kritisierende Äußerungen, wie zum Beispiel:»Das darf man nicht« oder»Du bist aber böse«. Derartige allgemeine Kritik baut eher Distanz zum Kind auf. Denn die damit verbundene gereizte Stimmung wird von dem kleinen Kind sehr wohl wahrgenommen, auch wenn es die Worte noch nicht im Detail versteht. Grundsätzlich ist es immer gut, schon bei den kleinsten Kindern eine erzieherische Einschränkung des Kindes mit Sprache zu begleiten. Die Eltern sollten mit einfachen, klaren, eindeutigen und bestimmten Worten in möglichst ruhigem Tonfall ihr Vorgehen erläutern.

Im oben genannten Beispiel hat die Mutter das problematische Verhalten des Kindes sofort unterbrochen, hat ihm aber im Anschluss direkt eine Alternative angeboten. Das Kind konnte auf dem Teppichboden weiter mit dem Auto spielen und das Auto erkunden und erproben. Damit ist das für die Mutter problematische Verhalten unterbunden worden, ohne dass das grundsätzliche Bedürfnis nach Erkundung und Ausprobieren zu sehr beschnitten wurde. Dadurch lernt das Kind einerseits, dass dies eine von der Mutter nicht akzeptierte Situation ist, andererseits, dass sein Erkundungsverhalten jedoch grundsätzlich akzeptiert wird. Sollte die in diesem Beispiel erfolgte Frustration des Kindes jedoch so stark sein, dass es trotz des Alternativangebots in heftige Wut gerät (meist erst ab etwa dem 18. Lebensmonat zu beobachten), so muss dem Kind in dieser Situation beigestanden werden. Das wütende, zornige, schreiende Kind ist kein »böses« Kind, sondern ein hilfloses Kind, welches durchaus verständlich im Rahmen seiner Frustration reagiert. Ein hilfreiches elterliches Verhalten in dieser Situation wäre, das Kind auf dem Arm oder auf dem Schoß zu halten und ihm mit Worten beizustehen. Wenn das Kind in der oben geschilderten Situation jedoch sofort wieder zum Tisch krabbeln und weiter die Platte »bearbeiten« würde, so wäre eine weitere Möglichkeit, das Kind in ein Laufgitter zu setzen.

Laufgitter sind immer wieder kritisch eingeschätzt worden (»Kinderknast«). Diese Einschätzung ist jedoch nicht gerechtfertigt. Durch das Benutzen des Laufgitters kann dem Kind eine eindeutige Grenze gesetzt werden und die Mutter kann wieder ihrer Tätigkeit nachgehen, ohne ständig das Spiel »Nein, das darfst du nicht – Kind macht es trotzdem« spielen zu müssen. Und das Kind hat nach dem ersten Frust im Laufstall die Gelegenheit, sich selbst zu beruhigen und sich mit anderen Spielsachen im Laufgitter zu beschäftigen. Solche »Auszeiten« von fünf bis 15 Minuten sind auch im Babyalter für Eltern und Kind mitunter sehr entlastend.

Zusammenfassende Hinweise

- Im ersten Lebens*halb*jahr braucht Ihr Kind Wärme, viel körperliche Nähe, Zärtlichkeit, Schmusen, Gestreichelt- und Getragenwerden und natürlich die ganz normale körperliche Versorgung in Form von Füttern und Säubern. Versuchen Sie vom ersten Lebenstag an, *aktiv Kontakt zum Kind* herzustellen. Sprechen Sie oft mit Ihrem Baby. Scherzen und lachen Sie täglich ausgiebig mit ihm, liebkosen Sie es, streicheln und massieren Sie es und tragen Sie Ihr Kind, so oft es Ihnen möglich ist. Gerade auch die Väter sollten lernen, einen liebevollen Kontakt zu ihrem Baby zu entwickeln.

Sollten bei körperlicher Nähe mit Ihrem Kind erotische Gefühle bei Ihnen auftreten, so ist dies nichts Absonderliches. Sie müssten jedoch in dieser Situation für sich eine klare Grenze setzen. Sexueller Missbrauch entsteht, wenn Erwachsene gezielt ihre eigene erotische und genitale Erregung durch Kontakt mit ihrem Kind (oder anderen Kindern) hervorrufen wollen. Dann wäre es wichtig, dass sich die betroffenen Erwachsenen (meistens sind davon Männer betroffen) umgehend psychologische oder psychotherapeutische Hilfe in Anspruch nehmen. Mittlerweile gibt es therapeutische Angebote für Männer mit sexuellem Interesse an Kindern (nach wissenschaftlichen Untersuchungen sind etwa fünf Prozent der männlichen Bevölkerung davon betroffen), die sich Hilfe holen wollen (www.kein-taeter-werden.de).

- Wenn *negative Gefühle* gegenüber dem Kind auftreten, so wäre die »gute« Art, damit umzugehen, dass Sie sich Hilfe von anderen Menschen holen. Sprechen Sie über Ihre Wut, Ihren Ärger und Ihren Frust mit Ihrem Partner bzw. mit Ihrer Partnerin. Sprechen Sie darüber mit Freunden, Verwandten, holen Sie sich tatkräftige Unterstützung anderer Erwachsener Ihres Vertrauens, die auch mal ein oder zwei Stunden Ihr Baby »übernehmen« können, damit Sie wieder Gelegenheit haben, »Luft zu holen«. Dadurch kann diese wichtige freundliche und positive Grundatmosphäre erhalten werden.

Grundsätzlich gilt: Wir Eltern müssen dafür Sorge tragen, dass es auch uns selbst gut geht! Wenn wir angespannt, genervt, gestresst sind, können wir nicht liebevoll, ruhig und fair mit unseren Kindern umgehen. Daher: Achten Sie darauf, jeden Tag Entspannungsphasen zu haben und jeden Tag auch für sich etwas Gutes zu tun (mal auf dem Sofa entspannen, in Ruhe ein Buch lesen, mit Freunden treffen, einem Hobby oder Sport nachgehen usw.).

Wenn Sie selbst von wütenden Gefühlen über-wältigt werden, verlassen Sie am besten kurz den Raum, zählen von 20 an langsam rückwärts, atmen tief ein und lassen die Luft bewusst langsam ausströ-men (eventuell mehrmals). Oder Sie ballen die Faust in der Tasche, stampfen im Nebenraum mit dem Fuß auf, prügeln auf ein Kopfkissen oder einen Boxsack ein. Es gibt zahlreiche Möglichkeiten, Wut abzubauen, ohne Kind oder PartnerIn mit Worten oder Taten et-was anzutun.

● Ab etwa dem siebten/achten Lebensmonat entwi-ckelt sich das Kind zunehmend aus seiner anfäng-lichen Hilflosigkeit heraus. Es entwickelt einen natür-lichen Erkundungsdrang sowie das Gefühl, im Mittelpunkt der Welt zu stehen. Daraus können sich die ersten Reibereien und *Konflikte* mit den Eltern ergeben, die ersten erzieherischen Maßnahmen kön-nen notwendig werden. Seien Sie liebevoll-konse-quent, versuchen Sie das Kind in seinen »Babybe-dürfnissen« zu verstehen, halten Sie es, wenn nötig, liebevoll-tröstend in seiner Not. Bedenken Sie: *Ihr Baby will Sie nicht ärgern!* Viele Eltern glauben dies ernsthaft. Nein, Ihr Baby möchte geliebt werden! Grundsätzlich ist der erwachende Erkundungsdrang für das Kind wichtig und normal. Sie sollten jedoch dann grenzsetzend eingreifen, wenn das Kind zerstö-rerisch wird, wenn es sich selbst gefährdet oder an-deren Menschen Schmerz oder Stress bereitet. Über-legen Sie immer, ob eine Grenzsetzung im einzelnen Fall notwendig ist, denn Einengung macht auch ag-gressiv. Aber wenn Sie sich zur Grenzsetzung ent-schlossen haben, wenn Sie Nein gesagt haben, dann bleiben Sie auch konsequent dabei!

● Bedenken Sie jedoch, dass die Erkundungsfreiheit für Ihr Baby in Ihrer Wohnung anders sein kann als in öffent-lichen Bereichen oder in den Wohnungen anderer Men-schen, die Sie zum Beispiel mit Ihrem Kind besuchen.

Die jeweiligen individuellen Grenzen anderer Menschen muss Ihr Kind respektieren lernen. Ihre eigene Wohnung sollten Sie kleinkindgerecht gestalten, sodass nicht überall Gefahrenquellen lauern und Sie nicht ständig hinter Ihrem Kind herlaufen müssen, damit nichts für Sie Wertvolles zerstört wird. Eltern sollten lernen, die erkundende Aktivität ihres Kindes mit einer gewissen Gelassenheit zu akzeptieren.

Das zweite und dritte Lebensjahr

Was nimmt das Kind wahr, welche Empfindungen hat es?

Mit dem Beginn des zweiten Lebensjahres macht das Kind große Fortschritte in der Sprach- und Bewegungsentwicklung. Normalerweise wird zwischen dem zwölften und 14. Lebensmonat das freie Laufen erlernt. Laufen zu können stärkt den natürlichen Drang zur Erkundung. In diesem Alter konkurrieren im Kind zum einen das Bedürfnis nach *Bindung* zu seiner Bezugsperson und zum anderen sein Bedürfnis nach Erkundung und in diesem Moment auch *Loslösung* von seiner Bezugsperson. In vertrauter Umgebung überwiegt meistens der Erkundungsdrang. In neuer, unvertrauter, verunsichernder Umgebung gewinnt das Bedürfnis nach Bindung die Oberhand. Plötzliche Trennung und plötzlicher Verlust der Bezugsperson, vor allem in unvertrauter Umgebung, gehört wohl mit zu den furchterregendsten Erfahrungen eines einjährigen Kindes. Das Kind braucht das Gefühl, seine Bezugspersonen als »Hafen der Sicherheit« in der Nähe zu spüren.

Gegen Ende des ersten Lebensjahres beginnt das Kind in verunsichernden Situationen seine Mutter oder eine andere wichtige Bezugsperson anzuschauen, um zu sehen, wie diese die Situation beurteilt. Das Kind ist schon mit zehn bis zwölf Monaten in der Lage, über Blickkontakte den Gefühlszustand seiner Bezugsperson zu erforschen. Diese Fähigkeit des Kindes gibt ihm Sicherheit und erleichtert ihm die Entscheidung zur zeitweisen Loslösung auf seinen »Erkundungszügen«. Im Moment der Verunsicherung, wenn es sich zu weit entfernt hat, wenn unklare neue Eindrücke auf das Kind einströmen, braucht es die Möglichkeit, schnell zurück zu Mutter oder Vater laufen zu können, um sich wieder das Gefühl der Sicherheit und Geborgenheit zu holen. Wenn sich ein Kind von seinen Eltern geachtet und wertgeschätzt fühlt, kann es Achtung und Wertgefühl sich selbst gegenüber entwickeln. Dieses wichtige positive Selbstwertgefühl ist wiederum die Voraussetzung, andere Menschen wertzuschätzen und zu achten.

Das Gefühl der Bindung an die Eltern wird am deutlichsten durch die *Berührung* vermittelt. Berührungsgefühle werden über unsere Haut aufgenommen und dringen beruhigend von der Oberfläche nach innen. Die beste Körperhaltung zur Vermittlung eines Bindungsgefühls beim Menschen ist die direkte Bauch-Bauch-, Brust-Brust-Berührung. Der Kopf des einen liegt an Schulter und Nacken des anderen. Dies lässt sich nicht nur beim Menschen, sondern auch bei allen Menschenaffen beobachten. Während in den ersten neun Lebensmonaten die Entwicklung der Bewegung immer wieder über das Sehen kontrolliert wurde (sensomotorische Phase), lernt das Kind ab Ende des ersten Lebensjahres und vor allem im zweiten Lebensjahr Bewegungen auch ohne die

Kontrolle seiner Augen nachzuahmen, Körpersprache und Mimik zu imitieren und sich damit allmählich auch in andere Menschen hineinzufühlen. Diese Entwicklung führt dazu, dass das Kind immer besser zwischen »Ich« und »Du« unterscheiden kann.

Auch auf der Ebene der *Gefühle* lernen Kinder immer besser zwischen eigenen Gefühlen und den Gefühlen anderer Menschen zu unterscheiden. Im ersten Lebensjahr lassen sich Kinder schon von den Gefühlen anderer Menschen »anstecken«. Wenn das Baby sieht, wie seine Mutter lacht, beginnt es auch zu lachen. Im zweiten und dritten Lebensjahr werden die eigenen Gefühle und die Gefühle anderer mitunter immer noch vermischt. Ab etwa dem vierten Lebensjahr können Kinder zunehmend ihre eigenen Gefühle von den Gefühlen anderer unterscheiden. Zudem entwickeln sich im dritten Lebensjahr erste Ansätze von Einfühlungsvermögen (Empathie) in andere Menschen, zum Beispiel gibt ein Kind einem traurigen Erwachsenen seine Lieblingspuppe.

Mit etwa 15 bis 20 Monaten entstehen erste Ansätze gedanklicher Vorentwürfe. Diese sind mit dem Beginn des »Trotzalters« verbunden. Das Kind erlebt immer wieder, dass seine Ideen und Pläne mit den daraus resultierenden Handlungen nicht mit den Vorstellungen seines Gegenübers übereinstimmen. Es treten die ersten *Konflikterfahrungen* auf, die auch als wichtige Erlebnisse des Unterschieds zwischen »Ich« und »Du« von Bedeutung sind. Diese sogenannte Trotzphase, in der die Kinder auf Frustration mit massiven Wutausbrüchen reagieren, ist etwa ab der zweiten Hälfte des zweiten Lebensjahres über das dritte Lebensjahr manchmal bis ins vierte Lebensjahr hinein zu beobachten. Diese Zornesanfälle sind zum einen Ausdruck des beeinträchtigenden Lebensgefühls, das das Kind in diesem Moment hat. Zum anderen sind sie ein Signal an Mutter oder Vater, doch nachzugeben – das Kind möchte *sich* durchsetzen!

Einer der wesentlichen Entwicklungsbereiche im zweiten Lebensjahr ist die *Sprache*. Schon im ersten Lebensjahr wurden Lautäußerungen vom Kind eingesetzt, um Gefühle mitzuteilen und um Kontakte anzubahnen. Mit etwa einem Jahr beginnt das Kind, seine ersten Worte gezielt zu sprechen. Viele dieser ersten Worte sind zweisilbige sogenannte Lallwörter wie zum Beispiel Mama, Papa, Wauwau, Eiei, Heia usw. Doch etwa schon drei Monate, bevor das Kind selbst zu sprechen beginnt, versteht es einzelne Worte. Der weitere Wortbestand im zweiten Lebensjahr baut sich dadurch auf, dass die Kinder das Gehörte nachahmen. Zusätzlich entwickeln manche Kinder ausgeprägte schöpferische Sprachleistungen, das heißt, sie erfinden Worte, erzählen mit Inbrunst in einer für den Außenstehenden kaum verständlichen »Babysprache«. Außerdem können die Kinder im zweiten Lebensjahr schon sehr gut abstrahieren und Kategorien bilden. So sind für viele Kinder alle vierbeinigen Tiere »Wau«, alle Vögel »Piep« oder alle älteren Männer »Opa«. Im zweiten Lebensjahr sprechen die Kinder meist in sogenannten Ein-Wort-Sätzen, ein Wort steht für einen ganzen Satz. Gegen Ende des zweiten Lebensjahres kommt es bei vielen Kindern zur ersten Kombination von zwei oder drei Worten. Auch das Wort »Ich«, als sprachlicher Ausdruck des abgrenzenden Erkennungsprozesses zwischen »Ich« und »Du«, tritt um diese Zeit im aktiven Wortschatz des Kindes auf.

Sprache ist eine wichtige Voraussetzung für komplexes *Denken*. Jedoch auch vorsprachliche Erfahrungen, das heißt Gefühle, Empfindungen, Eindrücke können auch ohne Umsetzung in Worte schon von kleinen Kindern gespeichert und abgerufen werden. Während im sogenannten *Tatsachengedächtnis* bei uns Erwachsenen die Ereignisse der ersten drei Lebensjahre praktisch in Vergessenheit geraten, so ist das *Gefühlsgedächtnis* längst nicht so kurz wie das Tatsachengedächtnis des kleinen Kindes. Auch wenn das eigentlich ängstigende

Erlebnis aus der frühen Kindheit längst vergessen ist, so kann das mit dieser Situation verbundene Angstgefühl und die negative Stimmung zeitlebens »erinnert« werden.

Das Denken reift heran, mit zwei bis zweieinhalb Jahren können die Kinder nach Farbe, Gestalt und Größe ordnen. Das sichere Erkennen eines Zusammenhangs zwischen einer Ursache und einer Wirkung ist jedoch noch nicht möglich. Ebenso ist der Mengenbegriff der Kinder noch nicht entwickelt. Diese Art des Denkens in diesem Alter nennt man »prälogisches Denken«. Die Kinder neigen zur Vermenschlichung der Dinge, zum Beispiel bezeichnet ein Zweijähriger einen alten VW-Käfer als lachendes Auto. Der Teddybär oder die Puppe werden gestreichelt und umsorgt, sie werden als »menschengleich« erlebt. Außerdem ist bei Kindern dieses Alters das sogenannte *magische Denken* zu beobachten. Viele Alltagswirkungen werden wie von Zauberhand gemacht erlebt. Die Fantasie beschäftigt sich oft mit Zaubergestalten, Hexen, Monstern und Ähnlichem.

Spiel ist in jedem Alter eine wichtige Lebensbeschäftigung. Spiel ist die kindliche Form, sich mit sich selbst und seiner Umwelt bekannt zu machen. Spiel ist immer von Lernvorgängen begleitet, darum müssen Kinder immer reichlich Gelegenheit zum freien Spiel haben. Im ersten Lebensjahr vollzieht sich Spiel im Wesentlichen über die Bewegung des eigenen Körpers und im weiteren Verlauf über Bewegung von Gegenständen. Kinder machen spielerische Bewegungserfahrungen und schauen diesen selbst verursachten Bewegungen zu. Kinder »begreifen« ihre Umwelt mit Hand und Mund. Ab dem zweiten Lebensjahr beobachten die Kinder ihre Umwelt und die dort vorhandenen Gegenstände intensiver und versuchen sie spielerisch zu erkunden, mit ihnen zu hantieren und sie auseinanderzunehmen. Das Kind spielt immer gemäß seinen Bewegungsfähigkeiten. Im zweiten Lebensjahr sind einfache Spieldinge wie ein Ball oder ein kleiner Wagen, den man hinter sich herziehen kann, oder eine einfache Puppe von Bedeutung. Das Spiel mit Bauklötzen, die man aufeinanderstellen kann, das Kritzeln mit Stiften usw. sind wichtige spielerische Lebenserfahrungen. Hoch spezielles »Fertigspielzeug« (zum Beispiel batteriebetriebene Autos etc.) ist dagegen unnötig. Erste Ansätze von *Leistungsbereitschaft* lassen sich im zweiten Lebensjahr erkennen. Die Kinder möchten alles allein machen, ohne Hilfe, möchten sich durchsetzen. Eine wichtige Voraussetzung für Spaß an Leistung ist die Fähigkeit, einen Erfolg auf die eigene Geschicklichkeit sowie einen Misserfolg auf die eigene Ungeschicklichkeit zurückzuführen. Dies ist jedoch erst ab etwa dreieinhalb Lebensjahren möglich. Die spätere Leistungsbereitschaft wird schon in den ersten Lebensjahren festgelegt. Leistungsbereitschaft ist gekoppelt mit dem Wunsch, selbst aktiv etwas gegen Frustrationen zu tun. Frustrationsminderung ist gleichzeitig immer Aggressionsminderung. Wie viele andere menschliche Eigenschaften ist auch die Leistungsbereitschaft zum Teil eine ererbte Veranlagung, zum Teil aber auch »erlernt«. Eltern können Leistungsbereitschaft durch ihr eigenes gutes Vorbild fördern, aber auch dadurch, dass sie ihre Kinder von klein auf immer ermutigen und sie beim Lernen unterstützen.

Auch das, was wir *Gewissen* nennen, formt sich schon in den ersten Lebensjahren aus. Das Gefühl für »richtig« und »falsch«, für »gerecht« und »ungerecht« im Umgang miteinander, für »gut« und »böse« entwickelt sich am elterlichen Vorbild. Elterliche Verbote und Gebote werden aufgenommen und verinnerlicht. Jedes Zuwiderhandeln gegen verinnerlichte Werte bestraft das Gewissen im Verlaufe der Zeit mit Schuldgefühlen. Schon mit drei, vier Jahren sind manche Kinder zur gewissensbedingten inneren Selbststeuerung fähig. Kinder, die ohne verlässliche Bindung an ihre Eltern groß werden, vielleicht weil sie geschlagen oder misshandelt werden oder sich nicht geliebt fühlen, tun sich schwer mit der Gewissensbildung. Mangelnde Gewissensbildung ist immer ein Risikofaktor für gewalttätige Entwicklung. Die Mehrzahl jugendlicher Straftäter verspürt bei ihren Taten kein schlechtes Gewissen. Die Entwicklung von Gewissen und die Verinnerlichung von Moral (als allgemeingültiges System von Regeln für das menschliche Zusammenleben und als Grundlage für die Lösung zwischenmenschlicher Konflikte) sind miteinander verbunden. Niedrige Intelligenz und elterliche Zurückweisung sind mit einem erhöhten Risiko für eine beeinträchtigte moralische Entwicklung verknüpft.

Wie sollte Beziehung und Erziehung im zweiten und dritten Lebensjahr gestaltet sein?

Mit zunehmendem Erkundungs- und Explorationsdrang des Kindes werden Nerven und Geduld der Eltern auf die Probe gestellt. Dieser Erkundungsdrang sollte als natürliches Bedürfnis eines jeden Kindes von den Eltern nicht infrage gestellt werden. Dem Kind müssen reichlich Gelegenheiten vermittelt werden, sich zu bewegen und sich auszuprobieren.

Eine Mutter arbeitet in ihrer Küche, bereitet das Mittagessen vor. Der zweijährige Sohn ist dabei, darf beim Waschen der Kartoffeln helfen und hat auch eine kleine Schüssel, in der er Soße »anrühren« darf. Er darf mit Kochtöpfen und Bratpfannen spielen.

Mit zwei bis drei Jahren wird tagsüber allmählich die Kontrolle über Urin- und Stuhlabgabe erreicht. Die nächtliche »Sauberkeit« entwickelt sich später. Jedes Kind hat auch hier sein eigenes Entwicklungstempo. Da sich die »Sauberkeit« allmählich von allein entwickelt, so wie das Kind auch von allein laufen lernt, sollte diesbezüglich kein elterlicher Druck ausgeübt werden, sondern allenfalls immer wieder eine freundliche Ermutigung erfolgen, aufs Töpfchen zu gehen. Druck in der »Sauberkeitserziehung« belastet und gefährdet die Eltern-Kind-Beziehung und birgt somit Gefahren für eine unbelastete Entwicklung. Mit sechs Jahren sind zehn Prozent aller Kinder nachts noch nicht »trocken«, mit 18 Jahren noch ein Prozent aller Menschen! Dieses Problem liegt an einer verzögerten Reifung der Blasenfunktionssteuerung und ist nicht willentlich beeinflussbar. Elterlicher Druck oder gar Bestrafung bringen heutzutage immer noch viel überflüssiges Leid über die betroffenen Kinder. In solchen Situationen sollte kinder- und jugendärztliche bzw. urologische Hilfe geholt werden.

Die *Sprachentwicklung* sollte intensiv durch uns Eltern gefördert werden. Sprechen Sie viel mit Ihrem Kind, auch über Dinge, die aus Ihrer Sicht »belanglos« sind. Erzählen Sie Ihrem Kind, wie es Ihnen selbst geht, was Sie vorhaben, begleiten Sie Ihre Tätigkeiten durch Sprache. Seien Sie ehrlich. Im zweiten Lebensjahr werden vom Kind häufig »Was-Fragen« gestellt, im dritten Lebensjahr beginnt das Kind mit »Warum-Fragen«. Beantworten Sie jede Frage geduldig und aufrichtig. Dieses ständige »Fragespiel« kann manchmal durchaus anstrengend sein. Ihr Kind will Sie damit nicht ärgern, dieses Fragen ist vielmehr ganz natürlich und wichtig für die Sprach- und Denkentwicklung Ihres Kindes. Es gibt keine »dummen« Fragen. Sofern es Ihnen liegt, sollten Sie viel mit Ihrem Kind singen und tanzen. Es gibt viele Fingerspiele, Singspiele und Kinderlieder, zu denen man sich auch bewegen kann (Anhang, Seite 211 f.: Arndt u.a. 2009, Austermann/Wohlleben 2009, Stöcklin-Meier 2007). Wenn Ihnen dies persönlich nicht liegt und Sie keine Erfahrung mit Liedern und Spielen haben, so besuchen Sie regelmäßig ein- oder mehrmals wöchentlich eine pädagogisch angeleitete Krabbel- oder Spielgruppe.

Wenn Ihr Kind eine neue Fertigkeit lernen soll, so fragen Sie es zunächst nach eigenen Lösungsideen. Wenn es keine Idee hat, schlagen Sie ihm einen Lösungsweg vor und machen es dann gemeinsam (=»begleitendes Lernen«).

Ein dreijähriges Mädchen möchte sich gerne allein die Zähne putzen. Die Mutter geht mit der Tochter zum Waschbecken und fragt:»Was brauchst du alles zum Zähneputzen?« Die Tochter antwortet, was ihr alles einfällt:»Zahnpasta, Zahnbürste«. Die Mutter sagt:»Ja, genau. Was nimmst du dir zuerst?« Das Mädchen antwortet:»Die Zahnbürste.« Die Mutter sagt:»Prima, dann nimm sie dir.« Das Mädchen nimmt sich die Bürste und die Mutter stellt eine Frage zum nächsten Schritt:»Was machst du als Nächstes?« Das Mädchen antwortet:»Ich mache da Zahnpasta drauf.« Die Mutter sagt:»Ja, nimm dir die Zahnpasta und tu ein kleines Stück davon (sie zeigt die Größe mit den Fingern) auf die Bürste.« Das Mädchen macht den nächsten Schritt, die Mutter stellt die nächste Frage, dann gibt das Mädchen die Antwort und setzt diese dann sofort in die Tat um. Dieser Ablauf wiederholt sich, bis das Kind die komplexe Tätigkeit des Zähneputzens»erarbeitet« hat.

Leben Sie *Werte* wie Ehrlichkeit, Fairness, Mitgefühl und Verantwortungsbewusstsein selbst vor.

Eine Mutter nimmt ihre zweieinhalbjährige Tochter regelmäßig mit in die städtische Leihbücherei. Dort wählen die beiden gemeinsam einige für das Mädchen interessante Bücher aus. Zu Hause liest die Mutter jeden Tag vor, dasselbe Buch oft mehrmals hintereinander. Sie besprechen die gelesenen Geschichten, sie reden gemeinsam über die Bilder, jeden Tag (wichtige Form der Sprach- und Wahrnehmungsförderung). Zum Ende der Leihfrist bringen sie gemeinsam die Bücher wieder zurück. Die Mutter erklärt dem Mädchen, dass die Bücher nur ausgeliehen sind, dass sie zurückgebracht werden müssen, da sie ihnen nicht gehören (Vorleben von Ehrlichkeit).

Hören Sie Ihrem Kind zu, nehmen Sie Ihr Kind ernst und versuchen Sie, seine Bedürfnisse und Gefühle zu erspüren. Sie sollten Ihr Kind nicht auslachen und nicht ironisch mit ihm sprechen. Benutzen Sie Ich-Botschaften, wenn Sie Ihrem Kind etwas mitteilen wollen. Sprechen Sie ruhig von Ihren eigenen Gefühlen. Wählen Sie einen Sprachstil, der Ihr Kind nicht demütigt. Seien Sie ein Sprachvorbild, das Achtung vor dem Gegenüber zeigt. Achten Sie auf das Gute in Ihrem Kind, machen Sie ihm täglich Mut, versuchen Sie, eine positive Atmosphäre zu vermitteln. Geben Sie Ihrem Kind täglich Lob und Zuwendung und bieten Sie ihm täglich gemeinsames Spiel an, gerade auch dann, wenn Ihr Kind »gut drauf« und zufrieden und ausgeglichen ist. Dadurch belohnen und bestärken Sie die »angenehmen« Verhaltensweisen Ihres Kindes.

Kinder wiederholen Verhaltensweisen leichter und verinnerlichen diese schneller, wenn sie jedes Mal und sofort, nachdem sie diese Verhaltensweise gezeigt haben, eine angenehme anerkennende Reaktion ihrer Bezugsperson erhalten (Belohnung). Eine solche Reaktion kann ein Lob sein, ein Lächeln, eine freundliche Geste. Solche Reaktionen tun jedem Menschen gut. Lob im richtigen Moment ist sehr wirksam. Die Kinder fühlen sich geachtet, das Selbstwertgefühl kann gestärkt werden und das gelobte Verhalten tritt zukünftig häufiger auf. Es ist jedoch wichtig, dass ein Lob ehrlich gemeint ist und dass es keinen versteckten Vorwurf enthält. Zudem ist es wichtig, das Lob am besten in einer kurzen Ich-Botschaft zu formulieren, die das zu lobende Verhalten noch einmal kurz beschreibt. Ein wirksames Lob könnte von der Mutter vielleicht wie folgt formuliert werden: »Ich freue mich, dass du gerade so lieb mit deiner kleinen Schwester gespielt hast.« Eine schlechte Formulierung wäre zum Beispiel: »Endlich hast du deine Schwester mal nicht geärgert.« Schlecht deshalb, weil durch den Seitenhieb »endlich« das Lob getrübt wird, und schlecht auch dadurch, dass das Wort »nicht« benutzt wurde. Denn dieses Wörtchen kann schon einmal überhört werden und dem Kind wird dadurch nicht mitgeteilt, was einen denn wirklich gefreut hat (das »liebe Spiel« miteinander). Eine tägliche »*schöne gemeinsame Zeit*«, in der Eltern und Kinder irgendetwas Schönes machen, zu dem beide Lust haben (zusammen auf dem Sofa kuscheln, über den Tag erzählen, ein Spiel spielen usw.), ist sehr wichtig. Diese Zeit kann auch vielleicht nur mal eine Viertelstunde dauern. Hauptsache, diese schöne gemeinsame Zeit findet statt und trägt dazu bei, dass die Stimmung zwischen Eltern und Kindern gut ist. Idealerweise findet eine solche tägliche schöne gemeinsame Zeit mit jedem Kind einzeln statt. Stellen Sie – je nach Alter – mit dem Kind zusammen in einem konstruktiven Gespräch Regeln für das familiäre Zusammenleben auf, an denen Sie Ihre Grenzsetzungen orientieren. Diese konstruktiven guten gemeinsamen Gespräche, die man auch als »Familienrat« bezeichnen kann, zeichnen sich durch folgende Besonderheiten aus:

- *Richtiger Zeitpunkt*: kein Zeitdruck, relativ gute Grundstimmung aller Beteiligten.
- *Kinder altersgemäß beteiligen.* Manchmal müssen Eltern auch Vorgaben machen, die nicht diskutiert werden können, aber erklärt werden sollten.
- *Gleichberechtigung der Familienmitglieder*: Es spricht immer nur einer (reihum, die anderen hören zu), jeder darf Kritik äußern, aber sachlich, alles darf gesagt werden. Derjenige, der gerade das Wort hat, hält vielleicht ein Kuscheltier oder bei älteren Kindern einen schönen Stein (den »Redestein«) in den Händen. Dieses Symbol zeigt allen Beteiligten, wer gerade das Rederecht hat. Dann geht dieses Symbol reihum weiter.

- In diesen Gesprächen kann dann *ausgiebig diskutiert* werden. Ich-Botschaften bewirken oft Wunder. Möglichst aktuelle Probleme besprechen (keine »ollen Kamellen«), möglichst konkret (keine Verallgemeinerungen wie »Immer hast du ...« oder »Nie macht ihr ...«).
- Möglichst *ruhige Stimme, keine Beschimpfungen, keine Handgreiflichkeiten, kein beleidigter Rückzug!*
- *Entscheidungen* wenn möglich *im Konsens* treffen oder Kompromisse aushandeln, mit denen alle leben können.
- *Entscheidungen schriftlich festhalten* und von allen wie bei einem Vertrag unterschreiben lassen (bei kleinen Kindern kann man die Verabredungen zum Beispiel aufmalen und diese mit einem Fingerabdruck besiegeln).

Ihr Kind hat ein Recht auf seine Gefühle. Es hat ein Recht auf seine positiven Gefühle, wie Freude. Es hat aber auch ein Recht auf negative Gefühle, wie Zorn oder Traurigkeit. Versuchen Sie nicht, diese Gefühlsäußerungen Ihres Kindes zu unterdrücken, nur weil sie Ihnen lästig oder unangenehm sind. Begleiten Sie Ihr Kind in seinen Gefühlen. Trösten Sie Ihr Kind in seiner Traurigkeit und nehmen Sie die Traurigkeit dabei ernst. Lassen Sie ihm seine Wut, schützen Sie Ihr Kind in dieser Situation jedoch vor sich selbst und schützen Sie andere vor Ihrem Kind in seiner Wut. Immer wieder beeindruckend sind die heftigen aggressiven Gefühlsausbrüche eines Kindes im Rahmen eines Trotzanfalls. Eine Trotzreaktion entsteht, wenn das Kind plötzlich und abrupt frustriert wird. Dies kann zum Beispiel dadurch entstehen, dass das Kind in seinem geplanten Spiel unterbrochen wird, oder dadurch, dass ihm ein dringender Wunsch verwehrt wird. Ihr Kind ist bei einem Trotzanfall kein »böses« Kind!

Ein dreijähriges Kind möchte im Supermarkt an der Kasse die dort verlockend ausliegenden Lutscher haben. Im Haushalt sind

jedoch noch reichlich Süßigkeiten vorhanden. Die Mutter ver-
wehrt dem Kind den Wunsch mit der Erklärung, dass sie zu
Hause ja noch genug Lutscher hätten. Das Kind empfindet diese
Eingrenzung als massive Frustration. Natürlich entsteht ein hef-
tiges Ärgergefühl beim Kind. Es beginnt sofort zu schreien und
wirft sich auf den Boden.

Manche Eltern würden in einer solchen Situation gerne laut
schimpfen oder gar das Kind schlagen. Diese Eltern würden
also versuchen, die verständliche kindliche Aggression mit
noch stärkerer Gegenaggression zu unterdrücken. Das kindliche Wutgefühl würde dadurch jedoch nicht gelöst. Im Gegenteil, das Wutgefühl kann dadurch verstärkt werden und an anderer Stelle kann das Kind mit aggressiven Verhaltensweisen,
die außerhalb einer Trotzreaktion auftreten, auffallen (s. »Tiefenpsychologische Theorie«, Seite 32 f.). Kinder, die von Natur
aus schüchterner und zurückhaltender sind, würden durch
derartig aggressives Elternverhalten massiv geängstigt. Sie
könnten in ihrer Persönlichkeitsentwicklung gehemmt werden
und später eher ein verängstigter »Duckmäuser« werden. Dieser aggressiv-autoritäre Erziehungsstil als elterliche Reaktion
auf Trotz ist somit schädlich und sollte auf jeden Fall vermieden werden.

Eine andere Reaktionsmöglichkeit, die viele Eltern wählen,
wäre ein nachgiebiger Erziehungsstil. Diese Eltern sind durch
das Trotzverhalten so verunsichert, dass sie alles tun möchten,
um ihr Kind so rasch wie möglich zu besänftigen. Diese Eltern
beenden in einer Trotzsituation ihr Grenzen setzendes Verhalten sofort. Das Kind bekommt seinen Willen, seine Wut ist
schnell verflogen. Das Kind lernt jedoch, dass es mit diesem
lautstarken, jähzornigen Verhalten Erfolg hat. Dieses Verhalten
wird somit verstärkt und würde immer häufiger auftreten,
wenn diese Eltern in ihrer Harmoniesehnsucht beim kleinsten
»Anzeichen für Sturm« immer wieder nachgeben würden. Da-

durch machen sich die Eltern zum Sklaven ihres Kindes. Bei ihnen entsteht allmählich Groll und Unmut dem Kind gegenüber. Die Eltern sind froh, wenn ihr Kind ruhig ist. Somit kommt es rasch dazu, dass diese Eltern ihr Kind in ruhigen Phasen nicht beachten und ihm nur negativ gefärbte Beachtung bei einem drohenden Zornesausbruch schenken. Es besteht die Gefahr, dass das Kind dieser Eltern diese negativ gefärbte, »genervte« Beachtung seiner Eltern immer wieder provozieren muss, da es sonst keine Beachtung erfährt.

Die beste Art, mit einer zornigen Trotzreaktion umzugehen, ist, den Zorn und die Wut des Kindes auszuhalten. Es ist wichtig zu erkennen, dass der kindliche Zorn Ausdruck einer massiven Hilflosigkeit des Kindes ist. Wie sonst hätte es eine Chance, sich durchzusetzen? Stehen Sie Ihrem Kind in dieser Hilflosigkeit bei, nehmen Sie Ihr Kind in den Arm, sagen Sie ihm, dass es zornig sein darf, sagen Sie aber auch, dass Sie Ihre Entscheidung nicht zurücknehmen. Halten Sie Ihr Kind so lange, bis es seinen Zorn und seine Wut an Ihrer Brust ausgeweint hat. Dann erklären Sie Ihrem Kind noch einmal, dass Sie es lieb haben. Erklären Sie Ihrem Kind, nachdem es sich beruhigt hat, den Grund für Ihre Entscheidung, auch dann, wenn Sie meinen, dass Ihr Kind diese Begründung sprachlich noch nicht versteht. Wenn Ihr Kind häufig trotzige Zornesanfälle hat, kann dies ein Anzeichen dafür sein, dass Sie Ihr Kind zu sehr einschränken, dass es mehr elterliche Beachtung und Nähe braucht, dass es vielleicht schon oft »Erfolg« mit seinem Verhalten hatte (wenn Sie immer wieder nachgeben) oder dass es einfach einen besonders temperamentvollen Charakter bzw. Wahrnehmungs- oder Aufmerksamkeitsprobleme hat.

Versuchen Sie, Zusammenhänge immer zu erklären, egal wie alt Ihr Kind ist. Dadurch lernt Ihr Kind mit zunehmender Reife, dass es Gründe und Zusammenhänge gibt und dass es keiner elterlichen Willkür ausgesetzt ist. Sie als Eltern lernen dadurch, die Sinnhaftigkeit einer Entscheidung zu bedenken und sich selbst Rechenschaft abzulegen, ob Ihre Grenzen setzende Entscheidung vernünftig ist oder nicht. *Diskussionen in einer Konfliktsituation sollten Sie jedoch vermeiden.* Denken Sie immer wieder darüber nach, in welchen Situationen eine Grenze gesetzt werden muss und ob es in der einzelnen Situation wirklich notwendig ist, eine Grenze zu setzen. Ihr Kind muss auch lernen, dass es sich einmal durchsetzen kann, jedoch nicht durch einen Zornesanfall, sondern wenn möglich durch Sprache. Dadurch dass Sie sich regelmäßig mit Ihren Kindern im Rahmen eines Familienrates über die wichtigen Regeln des Zusammenlebens austauschen (zum richtigen Zeitpunkt, wenn es allen relativ gut geht), können Sie im Konflikt ohne Diskussion kurz auf die dort getroffenen Absprachen verweisen (s. Seite 104 f.).

Ein zweieinhalbjähriger Junge möchte gerne draußen im Regen spielen. Die Mutter kann diesen Wunsch akzeptieren, besteht jedoch auf Regenkleidung und Gummistiefel, da es schon herbstlich kühl ist. Dem Jungen gefallen die Gummistiefel nicht. Bei dem Versuch, ihm diese anzuziehen, strampelt und jammert er, er tritt nach Mutters Hand. Die Mutter kniet sich nieder, schaut ihrem Sohn in die Augen, hält ihn an den Oberarmen freundlich, aber bestimmt fest und spricht zu ihm:»Draußen regnet es. Im Regen musst du die Stiefel anziehen. Sonst bekommst du nasse, kalte Füße. Ich möchte, dass du die Stiefel anziehst.« Die Mutter nimmt somit zu ihrem Sohn Kontakt auf mehreren Sinnesebenen auf (Ansehen, Zuhören, Körperkontakt). Der Junge hört seiner Mutter aufmerksam zu.

Beim erneuten Versuch, ihm die Stiefel anzuziehen, wird er jedoch wieder zornig und tritt nach Mutters Hand. Daraufhin zieht ihm die Mutter die Regenkleider aus, sagt ihm:»Ohne Stiefel kannst du im Regen nicht rausgehen, das haben wir schon oft besprochen.« Sie nimmt den Sohn auf den Arm und geht mit ihm ins Wohnzimmer. Der Junge schreit vor Zorn und schlägt mit seinen kleinen Fäusten auf die Mutter. Die Mutter hält ihn auf dem Arm, fasst mit der anderen Hand seine kleinen Hände und sagt ärgerlich:»Du darfst zornig sein. Ich lasse mich aber nicht schlagen. Ich bin auch zornig. Ich habe dich lieb und halte dich jetzt fest, bis du wieder zur Ruhe gekommen bist.« Die Mutter ist fest entschlossen. Nach einiger Zeit hat sich der kleine Junge beruhigt. Die Mutter kann ihren Sohn problemlos anziehen und draußen tapst er vergnügt mit seinen Stiefeln durch die Pfützen.

Die problematische Situation in diesem Beispiel entzündete sich an der Weigerung des Kindes, der Witterung entsprechende Kleidung anzuziehen. Die Mutter war sich aber sicher, dass diese Kleidung für ihren Sohn in dieser Situation wichtig war, und hatte dies offensichtlich auch schon zu einem früheren Zeitpunkt mit dem Jungen besprochen (im Familienrat Regeln besprechen zu einem günstigen Zeitpunkt). Darum war sie standhaft und beharrlich. In einem ersten Schritt sprach sie mit ihrem Sohn »Klartext« (*klare Botschaft*): Mit einfachen, klaren Sätzen informierte sie ihr Kind über die Notwendigkeit ihrer Entscheidung und dass der Wunsch, draußen im Regen zu spielen, nur mit Gummistiefeln zu verwirklichen ist. Zusätzlich hockte sie sich hin und brachte damit ihr Gesicht in die Höhe des Gesichtes ihres Kindes. Sie hielt ihren Sohn mit sanftem, aber bestimmtem Druck an den Armen fest, achtete auf Blickkontakt und sprach klar und einfach. Der Blickkontakt fördert die Aufmerksamkeit des Kindes und gibt ihm Sicherheit. Sie vermied zermürbende Diskussionen, begründete ihre Entscheidung jedoch klar mit einfachen Worten. Dadurch schaffte sie es, dass ihr Sohn seine Zornesäußerungen unterbrach und ihr zuhörte. Sie stellte somit Kontakt auf der Blick-, Wort- und Berührungsebene (Anfassen der Arme) her. Ihr Kind wurde somit auf drei Sinnesebenen einfach, klar und bestimmt angesprochen. Bei Kindern, die etwas älter sind als in diesem Beispiel, hilft eine klare Botschaft mit Blick- und Körperkontakt oft sehr gut, weitere Maßnahmen sind häufig gar nicht erforderlich.

Wenn Ihr Kind die klare Botschaft nicht befolgt, lassen Sie eine logische Konsequenz folgen (nicht damit drohen!) – jedes Mal und sofort! Eine *faire logische Konsequenz* ist für die Kinder unangenehm, aber sie kann von ihnen als logisch und fair akzeptiert werden, weil sie in unmittelbarem inhaltlichen Zusammenhang zum vorangegangenen Vorfall steht. *Keine Diskussionen im Streit!* Besprechen können Sie die Situation später, wenn sich die Wogen geglättet haben. Denn wer wird durch lautstarken Streit schon einsichtig? Und durch endlose Diskussionen im Konflikt besteht die Gefahr, dass man selbst die Fassung verliert oder inkonsequent wird.

Durch logische Konsequenzen lernt Ihr Kind allmählich, dass sein Handeln auch Folgen nach sich zieht. Da oft immer wieder die gleichen Situationen problematisch verlaufen (wenn wir besondere Erwartungen an unser Kind haben oder wenn wir unter Zeitdruck stehen), lohnt es sich, in einem ruhigen Moment passende logische Konsequenzen zu überlegen. Sehr effektiv sind logische Konsequenzen dann, wenn man sie ohne Worte einfach eintreten lässt. Im oben genannten Beispiel ließ die Mutter ihr Kind spüren, dass die logische Konsequenz auf die Weigerung, die Stiefel anzuziehen, die Tatsache war, nicht draußen spielen zu können. Sie zog ihrem Kind die Regenkleidung aus und ging mit ihm ins Wohnzimmer.

Das war aus Sicht des Kindes eine frustrierende Beschneidung seiner Pläne. Diese Beschneidung war jedoch in dieser Situation als logische Folge angemessen. In der daraufhin losbrechenden hilflosen Wut wurde das Kind von der Mutter nicht alleingelassen, es wurde gehalten, konnte sich beruhigen und konnte sodann akzeptieren, dass es Gummistiefel anziehen muss, bevor es im Regen draußen spielen kann. Die Mutter konnte die *aggressiven Gefühle* ihres Kindes akzeptieren. Sie machte ihm jedoch deutlich klar, dass sie *aggressives Verhalten*, welches in diesem Beispiel gegen die Mutter gerichtet war (das Kind schlug auf die Mutter ein), nicht toleriert. Sie sprach eine »klare Botschaft« und hielt die schlagenden Hände fest. Sie konnte auch ihren Ärger ausdrücken – das ist sehr wichtig! Ehrlichkeit bedeutet, dass auch elterliche Gefühle wie Ärger und Schmerz ausgedrückt werden dürfen und den Kindern mitgeteilt werden müssen (Ich-Botschaft), ohne zu schlagen oder beleidigend zu beschimpfen.

Im entschlossenen Festgehaltenwerden – als besonderer Form einer logischen Konsequenz auf den Wutausbruch – hatte das Kind die Möglichkeit, seinen Zorn auszudrücken, ohne die Mutter zu verletzen. Jedoch auch die Mutter konnte dem Kind dadurch ihre ärgerlichen Gefühle spürbar werden lassen, ohne dieses zu verletzen. Beide wurden mit den Gefühlen des anderen intensiv konfrontiert. Das Halten Brust an Brust, Kopf an Kopf, hat aber auch beruhigende, Bindungsgefühle vermittelnde Kräfte. Das Kind sollte so lange gehalten werden, bis es sich beruhigt hat, bis sich seine negativen Gefühle in liebevolle gewandelt haben. Dies kann manchmal bis zu zwei Stunden dauern und erfordert beim Haltenden Entschlossenheit, Durchhaltevermögen und die Überzeugung, das Richtige zu tun. Im Festhalten können somit die aggressiven Gefühle ausgelebt werden und im Verlauf des Haltens dem Gefühl der gegenseitigen Zuneigung weichen. Wenn Sie sich als Eltern in einer emotional aufwühlenden Konfliktsituation das konsequente Halten nicht zutrauen, so ist die Anwendung der »Auszeit« (s. Seite 133) eine andere Form einer logischen Konsequenz, die »überschäumende Phase« des Konflikts zu durchstehen.

Der Mutter gelang es im oben genannten Beispiel also, mit klaren Botschaften, logischen Konsequenzen und entschlossenem Halten die für sie und ihr Kind wichtigen Regeln »Im Regen ziehst du Gummistiefel an!« und »Wir gehen friedfertig miteinander um« ohne demütigende Gewaltanwendung (Schlagen oder beleidigende Beschimpfungen) durchzusetzen. In einer klaren Botschaft teilte sie dem Kind mit, was getan werden muss. Sie versuchte ihm *nicht* zu sagen, was es *nicht* tun sollte (auch wenn ihr dies nicht immer gelang). Denn dieses Wörtchen »nicht« wird von kleinen Kindern in ihrer Aufregung oft überhört.

Ein weiteres häufiges Konfliktfeld in diesem Alter sind die *gemeinsamen Mahlzeiten*. Oft weigern sich Kinder, die angebotene Mahlzeit zu essen. Ein Kind darf nicht zum Essen gezwungen werden, es hat das Recht zu entscheiden, ob und wie viel es isst. Es ist wichtig, in einer solchen Situation keine Süßigkeiten oder Leckereien anzubieten, nur damit das Kind etwas isst. Die logische Konsequenz ist, dem Kind erst beim nächsten gemeinsamen Mahl (eventuell erst einige Stunden später) etwas zu essen anzubieten und zwischenzeitlich allenfalls einige Obststückchen zu reichen. Dadurch lernt das Kind Essenszeiten zu akzeptieren und Sie machen sich nicht zum »Küchensklaven« Ihres Kindes.

Es ist wichtig, dass Sie *gewalttätige Handlungen* Ihres Kindes *nicht hinnehmen*, sondern mit den bisher besprochenen Mitteln der Grenzsetzung Einhalt gebieten. Wenn Sie einer gewalttätigen Aktion Ihres Kindes tatenlos zusehen oder sich gar darüber belustigen, so lautet die Botschaft für Ihr Kind: »Gewalt ist in Ordnung.« Diese Botschaft kann die Grundlage für eine gewalttätige Entwicklung bei Ihrem Kind sein, darum müssen Sie eingreifen.

Ein zweieinhalbjähriger Junge ist in der Spielgruppe bisher nicht als Rabauke in Erscheinung getreten. Plötzlich schlägt er mit einem Bauklotz auf den Kopf eines anderen Kindes und entreißt diesem ein Spielzeugauto. Dieses Verhalten hat er beim »Rabau-

ken der Gruppe« abgeguckt. *Die Mutter schreitet ein. Sie hockt sich vor ihren Sohn, blickt ihn an, hält seine Hände mit kräftigem Griff und spricht bestimmt und ärgerlich (denn so fühlt sie sich angesichts der Attacke ihres Sohnes):*»Du darfst das andere Kind nicht schlagen. Du darfst ihm nicht einfach das Auto wegnehmen. Wir gehen friedfertig mit anderen Menschen um.« *Dann trägt sie ihren Sohn in die andere Ecke des Raumes, geht zum* »Opfer« *und nimmt den weinenden, geschlagenen Jungen tröstend auf den Arm. Ihr eigener Sohn ist verdutzt, wird auch traurig, beginnt zu weinen und läuft zu seiner Mutter. Erst als sich das andere Kind beruhigt hat, nimmt die Mutter ihren eigenen Sohn in den Arm und tröstet auch ihn. Im Anschluss, als sich alle Beteiligten wieder beruhigt haben, erklärt sie ihm, warum er andere Kinder nicht schlagen darf.* »Wenn du haust, tut das dem anderen Kind weh. Du möchtest auch nicht, dass man dir wehtut. Wenn du etwas haben möchtest, dann musst du das andere Kind fragen.«

In diesem Beispiel greift die Mutter mit Kontaktaufnahme auf der Blick-, Wort- und Berührungsebene ein und spricht eine *klare Botschaft.* Sodann entzieht sie ihrem Sohn als *logische Konsequenz* die Aufmerksamkeit und solidarisiert sich mit dem Opfer. Der Sohn spürt, dass er mit seinem aggressiven Verhalten die Mutter ärgerlich stimmte und deren Aufmerksamkeit auf das Opfer richtete. Er musste das Auto zurückgeben. Er erlebte sein aggressives Verhalten auf verschiedenen Ebenen als Misserfolg. Als das Opfer getröstet war, wurde jedoch auch er in seiner Not von der Mutter getröstet. Die Mutter war nicht nachtragend und erklärte ihm ihre Reaktion. Dadurch entstanden bei dem kleinen Jungen dem Opfer oder der Mutter gegenüber keine neuen aggressiven Impulse. Bei solchen Gewalttätigkeiten Ihres Kindes müssen Sie jedes Mal konsequent in der oben genannten Art eingreifen. Dadurch, dass man die Kinder – nachdem sich die Situation wieder beruhigt hat – fragt, wie sich das Opfer fühlt, und dadurch, dass man das Kind bittet zu überlegen, wie es ihm selbst gehen würde, wenn es selbst zum Opfer geworden wäre, kann man das Kind dabei unterstützen, sich besser in andere Menschen einfühlen zu lernen, Empathie zu entwickeln. In einem solchen *Gespräch zum richtigen Zeitpunkt* kann man mit dem Kind die Gefühle von allen Beteiligten besprechen, zum Beispiel das Verlangen, mit dem Auto zu spielen, die Enttäuschung, das Auto nicht zu haben, den Schrecken und die Angst, aber auch den körperlichen Schmerz des anderen Kindes mit Worten benennen. Dadurch lernt das Kind, Gefühle in Worte zu fassen und bewusster wahrzunehmen. Mit zunehmendem Einfühlungsvermögen sinkt die Gefahr der Entwicklung einer Störung des Sozialverhaltens. Wenn Eltern auf Fehlverhalten ihrer Kinder auch aggressiv und überschießend strafend reagieren, sind sie zum einen ein schlechtes Vorbild, ein schlechtes »Modell«, zum anderen stumpfen sie dadurch das kindliche Einfühlungsvermögen ab, was wiederum der Entwicklung von Verhaltensauffälligkeiten Vorschub leistet.

Zusammenfassende Hinweise

● Akzeptieren Sie den Erkundungsdrang Ihres Kindes, setzen Sie jedoch *Grenzen* konsequent *gemäß den Regeln,* die für Sie wichtig sind. Diese Regeln sollten Sie rechtzeitig bedenken und mit Ihrem Kind von Zeit zu Zeit in einem ruhigen Moment besprechen (gutes Gespräch zum richtigen Zeitpunkt = Familienrat). Auch mit Zweijährigen sind solche Gespräche in einfacher Form möglich.

- Loben Sie Ihr Kind, wenn ihm etwas gelungen ist. Sprechen Sie viel mit Ihrem Kind. Beantworten Sie geduldig seine Fragen. Erklären Sie ihm Ihre Entscheidungen. Dadurch *fördern Sie die Entwicklung der Sprache.* Denn eine gute Sprachentwicklung hilft, aggressiven Verhaltensauffälligkeiten vorzubeugen. Kinder, die sprachlich gut entwickelt sind, können Konflikte eher mit Worten lösen. Beantworten Sie alle Fragen des Kindes, begleiten Sie Ihr Kind beim Lernen. Lesen Sie täglich vor, besprechen Sie gemeinsam Bilderbücher, versuchen Sie miteinander zu singen, zu tanzen und Reimspiele zu spielen. Dadurch, dass Sie Ihrem Kind schon früh kleine Aufgaben auftragen, die es problemlos bewältigen kann, stärken Sie sein Selbstwertgefühl (nähere Anregungen hierzu finden Sie im Anhang).

- Versuchen Sie eine grundsätzlich *positive Familienatmosphäre* zu schaffen. Seien Sie jedoch dem Kind gegenüber ehrlich, auch mit Ihren Gefühlen. Wenn Sie sich ärgern, darf Ihr Kind das ruhig wissen. Versuchen Sie jedoch nicht nachtragend zu sein. Wenn sich die Situation beruhigt hat, sollten Sie Ihrem Kind eine freundlich-versöhnliche Atmosphäre anbieten. *Achten Sie darauf, dass es Ihnen selbst gut geht,* dass Sie täglich Zeit zum Durchatmen haben. Manchmal kann eine liebevolle Babysitterin oder eine Unterbringung Ihres Kindes von einigen Stunden bei einer Tagesmutter oder auch in einem guten Kindergarten eine Hilfe für Sie sein, für eine gute Familienatmosphäre zu sorgen.

- Jedes Mal, wenn Sie sich über Ihr Kind ärgern, versuchen Sie herauszufinden, welches Gefühl vor dem Ärger da war. Meist gehen Sorge, Enttäuschung, Entkräftung oder andere Gefühlszustände dem Ärger voraus. Diese anderen Gefühle werden dann durch ein Zorngefühl ersetzt.

- Wird eine Grenzsetzung notwendig, so versuchen Sie mit einer *klaren Botschaft* in Form einer Ich-Botschaft (nach eindeutiger Kontaktaufnahme auf Blick-, Wort- und Berührungsebene) Ihr Anliegen zu vermitteln. Versuchen Sie in solchen Konfliktsituationen so ruhig wie möglich zu bleiben (ruhige, aber bestimmte Stimme), geben Sie jedoch nicht auf. Wenn Ihnen die Grenze wichtig ist, müssen Sie diese durchsetzen.

- Falls die klare Botschaft nicht unmittelbar zum Erfolg führt, so lassen Sie innerhalb weniger Sekunden eine *logische Konsequenz* folgen.

- *Lassen Sie gewalttätiges Verhalten Ihres Kindes nicht zu.* Lassen Sie sich nicht von Ihrem Kind schlagen, lassen Sie nicht zu, wenn Ihr Kind andere schlägt. Lassen Sie sich nicht beschimpfen.

- *Thema Bildschirme:* Fernsehen, PC, Spielekonsolen etc. sind in diesem Alter überflüssig und können die Entwicklung sogar beeinträchtigen! Alternativen zu Bildschirmbeschäftigungen finden Sie im Anhang.

- *Tagesstruktur:* Gemeinsame Mahlzeiten zu festgelegten Tageszeiten, Abendrituale mit Gutenachtgeschichte (keine Bildschirmbeschäftigung vor dem Einschlafen), rechtzeitiges Zubettbringen, damit ausreichend Nachtschlaf (neun bis zwölf Stunden) stattfinden kann, führen dazu, dass Kinder ausgeglichener, leistungsfähiger und emotional stabiler sind.

Das vierte bis sechste Lebensjahr

Was nimmt das Kind wahr, welche Empfindungen hat es?

In diesem Lebensalter macht die Entwicklung der *Bewegung* große Fortschritte. Fast alle Kinder verfügen über einen natürlichen, ausgeprägten Bewegungsdrang. Das bedeutet jedoch, dass ein Kind auch ausreichend Gelegenheiten haben muss, seinem Bewegungsdrang nachzukommen. Durch Ausleben des Bewegungsdrangs kann Ihr Kind positive Lebensgefühle entwickeln. Ein positives Lebensgefühl ist eng mit einem positiven Selbstwertgefühl und auch mit Vertrauen in sich selbst gekoppelt.

Auch die *Sprachentwicklung* geht weiter. Mit vier Jahren sind die Kinder in der Lage, von eigenen Erlebnissen zu berichten. Die Kinder können in diesem Alter meist in ganzen Sätzen, die grammatikalisch weitestgehend korrekt sind, sprechen. Weiterhin stellen Kinder viele Fragen, da sie sich zunehmend für Ursachen und Zusammenhänge interessieren. Eng mit der Sprachentwicklung ist die Entwicklung der *Denkfähigkeit* verbunden. Die Vorstellung von kleinen Mengen entwickelt sich. Die Kinder sind zunehmend fähig, Einzelerfahrungen zu verallgemeinern. Sie werden sich allmählich ihrer Fähigkeiten bewusst. Sie beziehen Erfolge auf ihre eigene Tüchtigkeit und Anstrengung, Misserfolge werden jedoch gerne auf äußere Schwierigkeiten zurückgeführt. Eine realistische Einschätzung von Erfolgen und Misserfolgen lernen die Kinder durch Rückmeldung ihrer Bezugspersonen. Eine freundliche, aber ehrliche Beurteilung ist wichtig. Grundsätzlich sollte jedoch das Lob für eine gemeisterte Aufgabe im Vordergrund stehen.

Ein viereinhalbjähriger Junge hat feinmotorische Probleme. Deshalb ist er in einer heilpädagogischen Behandlung. Er ist bemüht, einen hohen Turm aus Bauklötzen zu bauen. Es gelingt ihm nur selten, da er im Rahmen der motorischen Ungeschicklichkeit immer wieder versehentlich den bis dahin gebauten Turm umstößt. Die meisten gleichaltrigen Kinder im Kindergarten können das besser. Nun schafft er es aber, den Turm höher zu bauen als je zuvor, auch wenn er immer noch niedriger ist als der seines Freundes. Die Mutter bemerkt dies, geht zu ihm hin, legt den Arm um seine Schulter und sagt: »Das hast du aber toll gemacht. Der Turm ist schon ein ganzes Stück größer als letztes Mal.« *Die Mutter vermeidet negative Kritik, sie sagt nicht:* »Dein Freund hat einen viel größeren Turm gebaut«, *sondern sie lobt die erreichte Leistung, was wesentlich aufbauender wirkt.*

Über Lob und über immer wieder geäußerte freundliche Aufforderungen, eine Aufgabe, ein Spiel oder etwas Neues zu versuchen (Ermutigung), erleichtert man den Kindern, eine gewisse Anspruchshaltung an sich selbst und *Motivation für Leistungen* zu entwickeln. Das sind wichtige Voraussetzungen für eine Lernhaltung in der Schule. Selbst im Bereich der *Intelligenzentwicklung* können bis zum späten Vorschulalter durch liebevolle Förderung positive Effekte beobachtet werden. In der Vorstellung des Kindes können verschiedene Erlebnisse miteinander kombiniert werden. Ebenso kann Fantasie als wirklich erlebt und mitgeteilt werden. Dabei handelt es sich nicht um »Lügen«, sondern sie ist einfach *eine* Möglichkeit der Wahrnehmung und Wiedergabe seiner kindlichen Lebenswelt. Manche Kinder lernen erst im Alter von sieben bis acht Jahren verlässlich zwischen Fantasie und Wirklichkeit zu unterscheiden.

Bei vielen Kindern erwacht auch ein Interesse an ihrer eigenen *Sexualität.* Es gibt Kinder, die sich schon im zweiten oder dritten Lebensjahr sexuell selbst befriedigen. Solche Verhaltensweisen dürfen nicht bestraft werden, sie sollten auch nicht missbilligt werden. Denn ein Interesse an der eigenen Sexualität ist bei Kindern völlig normal. Manchmal lässt sich bei Kindern im Alter von vier bis fünf Jahren eine besondere Zuneigung zum jeweils gegengeschlechtlichen Elternteil beobachten. Dieses besondere Interesse wird mit etwa fünf Jahren von der Identifikation mit dem gleichgeschlechtlichen Elternteil abgelöst. Mädchen spüren ihre Ähnlichkeit mit der Mutter, Jungen spüren ihre Ähnlichkeit mit dem Vater. Es entwickeln sich sexuelle Schamgefühle.

Von den Eltern vorgelebte Verhaltensmodelle und von den Eltern vorgelebte Werte werden von den Kindern aufgenommen, die *Gewissensbildung* findet allmählich ihren Abschluss. Zunächst verinnerlichen die Kinder durch das Vorbild der erwachsenen Bezugspersonen und durch deren Erklärungen das Wissen über die Regeln für das gemeinschaftliche Miteinander. In einem zweiten Schritt reift unter dem Einfluss der Gefühle »Schuld« und »Scham« allmählich die innere *moralische Motivation* der Kinder, nach diesen Regeln und moralischen Normen auch wirklich zu handeln. Kinder sind in diesem Alter zunehmend in der Lage, bei »Fehlverhalten« *Schuldgefühle* zu entwickeln und dadurch nicht mehr nur durch äußere Beeinflussung »richtig« oder »falsch« bzw. »gut« oder »böse« zu unterscheiden, sondern von innen heraus aus ihrem Gewissen derartige Unterscheidungen zu empfinden. Es entwickelt sich auch ein ausgeprägtes *Gerechtigkeitsempfinden*. Werden Geschenke verteilt, so bestehen Kinder im Vorschulalter darauf, dass jedes Kind das gleiche erhält. Erst im Verlaufe der Schulzeit können Kinder ihr Bedürfnis nach »absoluter Gerechtigkeit« relativieren.

Wie sollte Beziehung und Erziehung im vierten bis sechsten Lebensjahr gestaltet sein?

Ihr Kind sollte sich gemocht und ernst genommen fühlen. Es ist weiterhin wichtig, dass Sie Ihrem Kind zuhören und ernst nehmen, was es zu sagen hat. Versuchen Sie seine Bedürfnisse und Gefühle zu erspüren. Akzeptieren Sie alle Gefühle Ihres Kindes, natürlich auch Wut und Ärger.

Ein fünfjähriges Mädchen steht vor dem Spiegel und will sich eine »Frisur« machen. Nichts will ihm so gelingen, wie es es gerne hätte. Es bekommt einen Wutanfall, obwohl es eigentlich eher traurig ist (Wut, um die Traurigkeit nicht zu spüren). Die Mutter hockt sich zu ihm nieder, legt den Arm um es und sagt: »Ich glaube, du bist ganz traurig.« Das Mädchen weint ihre Traurigkeit im Arm der Mutter aus, die Wut klingt ab.

Ein Kind sollte nie ausgelacht werden. Sie sollten möglichst nicht ironisch mit Ihrem Kind umgehen – das gilt für jedes Lebensalter! Wenn ein Kind spürt, dass es ständig »auf den Arm genommen« und nicht ernst genommen wird, fühlt es sich in seinem Selbstwertgefühl verletzt und frustriert.

Durch *Förderung von Alltagsfertigkeiten* können Eltern das kindliche Selbstwertgefühl stärken. Auch der Übergang in die Schule gestaltet sich bei den Kindern erfolgreicher, die schon in der Kindergartenzeit in Alltagstätigkeiten eingeführt wurden. Durch Einführung und Üben von Tätigkeiten wie Schleifen binden, beim Auf- und Abdecken des Tisches helfen, beim Zubereiten der Mahlzeiten helfen, beim Einkaufen helfen, beim Zusammenlegen und Sortieren der Wäsche helfen etc. werden die Bewegungsgeschicklichkeit, das Mitdenken, das Kennenlernen von Handlungsabläufen und das Verantwortungsgefühl von Kindern geschult.

Neben der Förderung des normalen altersangemessenen *Spiels* (s. Anhang), des ausgiebigen täglichen Gesprächs zwischen Eltern und ihren Kindern, der täglichen »schönen gemeinsamen Zeit«, ist die Förderung von Alltagsfähigkeiten eine wichtige Möglichkeit, Kindern ein gutes Selbstwertgefühl zu vermitteln und damit Verhaltensauffälligkeiten vorzubeugen. Außerdem ist es sinnvoll, Kinder auch schon in diesem Alter bei der Entwicklung möglicher Hobbys zu unterstützen (Kinderturnen, Fußball, Musikschule, Bastelgruppe etc.). Denn *Hobbys* bieten die Möglichkeit, das Gefühl, etwas besonders gut zu können, zu entwickeln. Und das fördert Selbstvertrauen und Selbstwertgefühl.

Wenn Ihr Kind mit Puppen, Kuscheltieren und anderen Spielsachen *aggressiv* spielt, zum Beispiel wird der Teddy geprügelt, die Puppe gefesselt usw., so versuchen Sie diese Gefühle Ihres Kindes anzunehmen und das Kind dieses Spiel spielen zu lassen. Es gibt normalerweise gut nachvollziehbare Gründe, warum Ihr Kind so spielt, zum Beispiel können aggressives Elternverhalten, Bilder aus dem Fernsehen oder Einflüsse von Spielkameraden dahinterstecken (Lernmodelle). Versuchen Sie, diese Gründe zu verstehen und mit Ihrem Kind ohne Vorwürfe über diese Gründe zu sprechen. Gerade das Gespräch über aggressive Gefühle kann dazu genutzt werden, mit Kindern über verschiedene andere Gefühle wie Traurigkeit, Angst oder Freude zu reden und sie dadurch anzuregen, auch über Gefühle sprechen zu lernen.

Gewaltspielzeug, das jedoch direkt zu gewalttätigem Spiel anregt, weil es nur dazu zu gebrauchen ist, zum Beispiel Pistolen, Panzer, Handgranatenattrappen usw., sollten Sie meiden und diese Entscheidung Ihrem Kind mitteilen. Sollte der Wunsch nach Pistolen und Ähnlichem als Spielzeug jedoch so groß sein, dass Sie nur schwer einen solchen Wunsch ausschlagen können, so wäre es gut, wenn Sie diesen Bedürfnissen frühestens im Schulalter nachgeben, da die Kinder dann zunehmend für Ihre Gegenargumente empfänglich sind. Sie sollten vor Erfüllung eines solchen Wunsches ausgiebig mit Ihrem Kind diskutieren (Familienrat) und ihm immer wieder erklären, dass Sie es nicht gut finden, mit Spielzeug zu spielen, mit dem, wenn auch nur im Spiel, Menschen getötet, verletzt oder gequält werden sollen.

Vor allem Jungen lieben es, sich im *spielerischen Kampf* miteinander zu messen. »Schaumstoffschwerter« oder Schwerter aus zusammengerolltem Zeitungspapier, mit denen man sich nicht verletzen kann, können nach Besprechung der Regeln (nicht gegen Gesicht, Hals, Brust oder Genitalien schlagen, Stopp-Signale eines Mitspielers respektieren) als spielerische »Kampfausrüstung« mitunter hilfreich sein. Ab sechs Jahren kann der »Zeitungskampf« zum Spannungsabbau auch in pädagogisch geleiteten Kindergruppen eingesetzt werden. Zudem gibt es für Kindergärten Programme, in denen Kindern Gelegenheit gegeben wird, sich nach fairen Regeln im »Ringen und Rangeln« miteinander zu messen. Neben den entsprechenden Körpererfahrungen werden dadurch Fairness, Selbstbehauptung, das Erfahren von Grenzen und das Verkraften von Unterlegenheit vermittelt. Unabhängig davon ist es für viele Kinder wichtig (nicht nur für Jungen), auch mit ihren Eltern (Vätern) spielerisch zu kämpfen, zu rangeln und zu raufen. Das macht Spaß und baut Spannungen ab. Andererseits wird dadurch aber auch das gegenseitige Vertrauen gestärkt und die Beziehung untereinander verbessert.

Ein fünfjähriger Junge kommt von draußen mit dreckigen Schuhen in die Wohnung, ohne die Schuhe vorher gesäubert zu haben. Die schmutzigen Fußabdrücke stören die Mutter sehr. Sie sagt:»Ich ärgere mich, dass du den Fußboden schmutzig gemacht hast. Ich habe wieder zusätzliche Arbeit.« Der Junge reagiert nicht auf die Ich-Botschaft seiner Mutter. Die Mutter fragt noch einmal nach: »*Ich habe das Gefühl, dass es dir nicht gut geht. Was ist dir denn passiert?*« *Dabei hockt sich die Mutter vor ihren kleinen Sohn, nimmt ihn bei den Schultern und versucht Blickkontakt herzustellen. Daraufhin erzählt ihr der Junge, dass draußen beim Spiel ein größerer Junge seinen Ball weggenommen habe. Jetzt versteht die Mutter den Ärger und die dadurch bedingte Unaufmerksamkeit ihres Sohnes.*

Führt in einer Konfliktsituation die klare Botschaft in Form von Ich-Botschaften nicht zum Erfolg, reagiert das Kind weiterhin mit Widerstand und Auflehnung, so ist es oft hilfreich, diesen Widerstand ernst zu nehmen und zunächst noch einmal nachzufragen, anstatt den Konfrontationskurs zu verstärken. Sollte sich mit diesem Vorgehen kein Verständnis für die Konfliktsituation erreichen lassen, so wäre ein weiterer Schritt, das Kind mit den logischen Konsequenzen seines Handelns zu konfrontieren (s. vorheriger Abschnitt »Das zweite und dritte Lebensjahr«).

In Fortsetzung des oben genannten Beispiels hätte die Mutter ruhig, aber bestimmt gesagt: »*Du hast den Dreck mit deinen Schuhen gemacht. Du musst den Dreck wieder beseitigen. Ziehe deine Schuhe aus und wische den Dreck auf.*« *Sie gibt dem Jungen einen Wischlappen und bleibt bei ihm, bis er die Verschmutzung beseitigt hat. Anschließend lobt sie ihn und sagt, dass sie es gut findet, dass er den Schmutz so gut aufgewischt hat.*

Kinder, die zu wenig positive Aufmerksamkeit und Beachtung erhalten, machen oft durch unangenehmes Verhalten auf sich aufmerksam. Ihre Eltern schenken den Kindern dann durch »Schimpfen und Meckern« Beachtung. Die Kinder erhalten durch diese negative Beachtung eine Belohnung für ihr Verhalten. Aus einem Konfrontationskurs entwickelt sich oft ein *Machtkampf* zwischen Eltern und Kind. Kinder, die in einen

Machtkampf verstrickt sind, geben durch die kurze Beachtung ihrer Eltern diesen nicht auf, sie wollen mehr von dem damit verbundenen Machtgefühl, ohne dass ihnen dies bewusst ist. Sie wollen sich als mächtig und einflussreich erleben, sie haben sozusagen die Macht, ihre Eltern »auf die Palme zu bringen«. Dieses Machtgefühl wird von den Kindern als positiv erlebt. Somit wird durch eine normalerweise unangenehme, strenge Reaktion der Eltern das betreffende problematische Verhalten des Kindes verstärkt, vor allem dann, wenn die Kinder erleben, wie sich ihre Eltern aufregen.

Lügen und *Stehlen* sind Verhaltensweisen, die bei vielen Kindern im Laufe der Entwicklung zu beobachten sind. Diese Verhaltensweisen kann man jedoch erst dann als Fehlverhalten ansehen, wenn man sicher ist, dass sich das Kind bewusst so verhält, wohl wissend, dass Lügen und Stehlen nicht in Ordnung sind. Die Fähigkeit der verlässlichen Unterscheidung zwischen Fantasie und Realität ist jedoch eine wichtige Voraussetzung für die Unterscheidung von Wahrheit und Unwahrheit. Wenn Sie feststellen, dass Ihr Kind lügt, so sollten Sie sich zuerst fragen, ob Ihr Kind wirklich lügt im Sinne von bewusstem Behaupten von Unwahrheiten. Oder sieht Ihr Kind die Wahrheit einfach anders als Sie? Selbst mit sieben bis acht Jahren kann es noch zu Verwischungen zwischen Realität, Traum und Fantasie kommen. Bleiben Sie in solchen Situationen ruhig, konfrontieren Sie Ihr Kind jedoch mit Ihrer Sichtweise.

Zwei Mädchen, jeweils im Alter von vier Jahren, spielen mit ihren Puppen. Als das eine Mädchen von seiner Mutter abgeholt wird, vergisst es seine Puppe beim anderen Kind. Dieses wiederum behauptet nun, die Puppe des einen Mädchens sei ihre eigene. Die Mutter erkennt, dass dies eine kindlich verzerrte Wahrnehmung der Wirklichkeit ist. Ihre Tochter hatte in ihrem Zimmer auch mit dieser anderen Puppe gespielt und sie somit in der Fantasie zu ihrer eigenen Puppe gemacht. Die Mutter bleibt ruhig und erklärt: »Deine Freundin hat ihre Puppe bei dir vergessen, morgen bringen wir sie ihr wieder.«

Dadurch lernte das Mädchen wieder etwas mehr von der Wirklichkeit kennen, aber auch besser zwischen »mein« und »dein« unterscheiden. Wenn Ihr Kind jedoch bewusst lügt, so müssen Sie klären, woran das liegt. Kinder lügen oft aus Angst vor Strafe oder Unannehmlichkeiten, wenn sie etwas Verbotenes vertuschen wollen. Bezogen auf das Lügen selbst sollten Sie jedoch eine klare Botschaft senden, zum Beispiel: »Ich möchte nicht, dass du lügst. Dann weiß ich nicht mehr, ob ich dir glauben kann.« Die hinter dem Lügen verborgenen Regelverstöße sollten die fairen, logischen Konsequenzen nach sich ziehen, die einem Regelverstoß auch ohne begleitendem Lügen folgen müssten, zum Beispiel Wiedergutmachung bei Zerstörung. Sie sollten jedoch klären, ob die dem Lügen zugrunde liegende übertretene Regel für Ihr Kind vielleicht zu einschränkend ist. Und auch hinsichtlich des Lügens gilt: Leben Sie Offenheit und Ehrlichkeit vor.

Die Unterscheidung von »mein« und »dein« entwickelt sich im Kontakt zu anderen Menschen. Auch deshalb sind reichlich Kontakte zu anderen Kindern und der regelmäßige Besuch eines Kindergartens oder einer Kindergruppe wichtig. Schon Zweijährige wachen oft mit besonderer Aufmerksamkeit über ihr Spielzeug, damit es nicht von anderen weggenommen wird. Also keimt schon sehr früh ein Empfinden für »mein«. Durchschnittlich mit drei bis dreieinhalb Jahren haben die Kinder auch das Wort »du« und »dein« im Wortschatz, ein Gefühl für »dein« wächst heran. Entwendet ein Kind Dinge, die anderen gehören, so sollten Sie sich auch in dieser Situation fragen, ob dies wirklich schon *bewusstes* Stehlen ist oder ob das betreffende Kind sein Handeln vielleicht als »völlig in Ordnung« empfindet, weil es von seiner Entwicklung her noch nicht so weit ist, zwischen »mein« und »dein« verlässlich zu unterscheiden, und vielleicht noch kein Unrechtsbewusstsein entwickelt hat.

Ein fünfjähriger Junge »entwendet« im Kindergarten einem anderen Kind kleine Spielzeugfiguren aus Plastik, die er selbst nicht hat, da seine Eltern dieses »Spielzeug« ablehnen. Die Mutter findet diese Figuren in der Manteltasche des Jungen. Auf Nachfrage der Mutter erzählt der Junge, dass er diese Figuren aus der Tasche seines Freundes genommen hat, weil er diese so schön findet. Die Mutter sagt: »Das Spielzeug gehört einem anderen Kind. Du darfst einem anderen nichts wegnehmen. Wenn ein anderes Kind deinen Teddy wegnähme, wärst du sehr traurig. Dein Freund, dem du die Figuren weggenommen hast, ist jetzt bestimmt auch traurig. Ich möchte, dass du anderen nichts mehr wegnimmst. Wir bringen das Spielzeug jetzt zurück.« Beide gehen zum »bestohlenen« Kind. Der Junge selbst gibt das Spielzeug zurück und sagt, dass er nichts mehr wegnehmen wolle.

Auch wenn »Stehlen« nicht in böser Absicht erfolgt, muss das Kind an der Beseitigung des Schadens beteiligt werden. Dem Kind muss in klaren und eindeutigen Worten der Sachverhalt erklärt werden. Aus der Luft gegriffene Strafen sollten Sie unterlassen. Das Zurückgeben, Wiedergutmachen und Entschuldigen ist als logische Konsequenz schon unangenehm genug. Anschließend sollten Sie auch in einer solchen Situation das Kind freundlich in den Arm nehmen und loben, dass es die Wiedergutmachung gut gemeistert hat. Außerdem sollten Sie sich immer überlegen, warum Ihr Kind stiehlt. Manchmal ist Stehlen ein Hilferuf nach mehr elterlicher Beachtung, manchmal ist Ihr Kind vielleicht den vielfältigen Versuchungen unserer Konsumgesellschaft erlegen.

Bei manchen Kindern wird auch der Gebrauch von *Schimpfworten* zum Problem. Viele Kinder lernen meist über Vorbilder (Erwachsene, andere Kinder im Kindergarten) den Gebrauch von Schimpfworten kennen. Da dies der Einstieg in Gewalt mit Worten sein kann, ist es wichtig, Kindern die damit verbundene Problematik verständlich zu machen. Viele Eltern reagieren auf den Gebrauch dieser Worte durch ihre Kinder mit Schimpfen und Vorhaltungen. Kinder lernen schnell, dass sie mit wenig Aufwand (wie dem Gebrauch von Schimpfworten) ihre Eltern aus der Fassung bringen können. Sie erhalten in diesen Situationen negative Beachtung durch ihre Eltern. Die Folge ist, dass mit jeder elterlichen Vorhaltung der Gebrauch von Schimpfworten für die Kinder interessanter wird, denn die damit erreichbare Provokation wird von vielen Kindern als angenehmes Machtgefühl erlebt. Das elterliche Vorgehen könnte – wie bei allen anderen problematischen Verhaltensweisen auch – stattdessen folgendermaßen aussehen:

1. *Formulieren einer Regel für das Zusammenleben*: Eltern und Kinder setzen sich zum Gespräch zusammen (»Familienrat«). Die Mutter erklärt: »Das Wort ›Arschloch‹ gefällt mir nicht. Wenn du mich so nennst, macht mich das traurig. Ich bin doch kein Po-Loch.« Dadurch wird den Kindern die Bedeutung eines solchen Wortes und die damit verbundene Wirkung erklärt. Sodann kann eine Regel für das Zusammenleben formuliert werden, zum Beispiel: »Wir achten uns, wenn wir miteinander sprechen.«
2. Wenn nach einem solchen Gespräch das Kind die Regel erneut bricht (in unserem Beispiel wird die Mutter erneut beschimpft), sollte die Mutter zuerst eine *klare Botschaft* aussprechen, zum Beispiel: »Du kennst unsere Regel. Ich möchte, dass wir uns achten, wenn wir miteinander sprechen.« Das Kind hat nun zwei Möglichkeiten:

3a. Das Kind akzeptiert die Botschaft der Mutter und sagt zum Beispiel:»Ja Mama, ich sag das nicht mehr.« Dann sollte die Mutter diese Entscheidung des Kindes mit einem *Lob* bestärken:»Ich finde es schön, dass du unsere Regel achten willst.«

3b. Es kann aber auch sein, dass sich das Kind für die zweite Möglichkeit entscheidet und erneut Schimpfworte gebraucht. Dann sollte die Mutter eine *logische Konsequenz* folgen lassen. Da das Kind möglicherweise eine Provokation beabsichtigt, wäre eine mögliche Konsequenz, ihm »den Wind aus den Segeln zu nehmen« und diese Provokation nicht zu beachten. Die Mutter könnte diese Provokation also bewusst ignorieren. Sie wendet dem Kind den Rücken zu, spricht nicht mit ihm oder verlässt den Raum. Wenn das Kind die Provokation beendet, wendet sich die Mutter ihm wieder freundlich zu, ohne Vorwurfshaltung und ohne den Vorfall noch einmal anzusprechen. Dadurch ist gewährleistet, dass ein Machtkampf (mit der Folge des verstärkt auftretenden provozierenden Verhaltens) vermieden wird.

Bewusstes Ignorieren von leichten Provokationen, wie beispielsweise Schimpfwortgebrauch, ist sehr wirkungsvoll, vorausgesetzt, man hält das Ignorieren bis zur Beendigung der Provokation durch. Heftige Attacken, wie zum Beispiel aggressive Angriffe, sollten nicht ignoriert werden, um dem Kind klar Einhalt zu gebieten (etwa mit der *Auszeit*, s. unten).

Ein fünfjähriges Mädchen, das sich schon gut die Zähne putzen kann, wird von seiner Mutter ins Badezimmer geschickt, um sich nach dem Abendessen die Zähne zu putzen. Die Stimmung zwischen den beiden knisterte schon während des Abendessens. Die Mutter ist sehr nervös und gereizt, das Mädchen ist den ganzen Nachmittag über schon unruhig und für die Mutter

»schwer zu ertragen«. Draußen ist Regenwetter, das Mädchen hatte nicht die Bewegungsfreiheit, die sie für ihr Temperament braucht. Und nun schimpft das Mädchen zornig, will sich nicht die Zähne putzen und schmiert stattdessen mit der Zahnpasta im Waschbecken herum. Für die Mutter ist das abendliche Zähneputzen eine wichtige Regel, die sie durchsetzen will. Sie kann ihren Ärger gerade noch im Zaum halten und sagt: »Du musst dir jetzt die Zähne putzen. Nach dem Essen müssen die Zähne geputzt werden, da sie sonst krank werden können.« *Das Mädchen schreit weiter und weigert sich standhaft, die Zähne zu putzen. Die Mutter sagt:* »Du musst dir jetzt die Zähne putzen.« *Das Mädchen schreit:* »Ich will mir aber nicht die Zähne putzen, du putzt sie dir ja auch nicht.« *Die Mutter lässt sich jetzt im Streit auf keine Diskussion ein. Sie fühlt sich stark und sagt immer wieder unbeirrt, mit möglichst ruhiger Stimme:* »Du musst dir jetzt die Zähne putzen. Du musst dir jetzt die Zähne putzen.« *Usw. Das Mädchen stellt schließlich das Geschrei ein und beginnt, wenn auch widerwillig, mit dem Zähneputzen. Als sie fertig ist, nimmt die Mutter sie liebevoll in den Arm und sagt:* »Das hast du gut gemacht. Ich freue mich, wenn du deine Zähne gut putzt. Dadurch bleiben sie länger gesund.«*

In diesem genannten Beispiel forderte die Mutter das Befolgen der Regel »Nach dem Essen werden die Zähne geputzt!« ein. Die Stimmung zwischen Mutter und Kind war aufgrund des Tagesablaufes nicht gut. Die Mutter ließ sich jedoch auf *keine Diskussionen im Streit* ein, sie wusste, dass das Mädchen den Grund für die einzufordernde Regel gut kannte. Sie sprach eine *klare Botschaft* und wandte sodann die *Technik der »kaputten Schallplatte«* an: Die Klartextaufforderung zur Einhaltung der Regel wiederholte sie mehrmals: »Du musst dir jetzt die Zähne putzen!« Ihre Tochter spürte dadurch, dass es ihrer Mutter ernst war. Sie spürte, dass keine Chance bestand, die klare Haltung der Mutter aufweichen zu können. Somit fügte sie sich in ihr Schicksal, welches ja nicht schrecklich, sondern durchaus sinnvoll war und putzte sich ihre Zähne. Der Mutter gelang es im Anschluss, die negativ aufgeladene Atmosphäre von vorher beiseitezulassen. Sie nahm die Tochter in den Arm, lobte sie und ließ sie dadurch warme Anerkennung spüren. Die Mutter trug dem Mädchen den Streit nicht nach und dadurch konnte der Tag schließlich in positiver Atmosphäre ausklingen. Die Mutter erklärte dem Mädchen nochmals kurz, warum sie auf dieser Entscheidung bestanden hatte. Das konnte das Mädchen akzeptieren, ihr Bedürfnis nach »Diskussion« war dadurch schon befriedigt.

Hätte sich die Mutter während der Streitigkeit auf eine Diskussion eingelassen, so hätte das Mädchen dies durchaus als mütterliche Wankelmütigkeit und Unsicherheit empfinden können und sich dadurch ermutigt gefühlt, noch mehr »Lärm« und Geschrei zu machen, um seinen Willen, sich an diesem Abend nicht die Zähne zu putzen, durchzusetzen. Dadurch wäre das Mädchen für Lärm und Geschrei belohnt worden. Eine solche Lernerfahrung kann die Entwicklung eines problematischen Sozialverhaltens fördern. Je nach den vorangegangenen Lernerfahrungen des Mädchens hätte es aber ebenso sein können, dass eine klare Botschaft und das Anwenden der »Technik der kaputten Schallplatte« keine »Klärung« bewirkt hätte.

In Fortsetzung des obigen Beispiels hat sich das Mädchen der mütterlichen Forderung nicht gebeugt. Sie entwickelt einen heftigen Wutanfall, schreit, läuft auf die Mutter zu und beginnt, sie zu schlagen und zu treten. Die Mutter spürt viel Ärger in sich aufwallen und ist entschlossen, dieser Attacke gegen sie selbst ein Ende zu setzen. Sie ist in ihrer eigenen Stimmung jedoch so beeinträchtigt, dass sie ihre wütende Tochter nicht in ihren mütterlichen Armen festhalten kann. So nimmt sie die schreiende und zappelnde Tochter hoch und geht entschlossenen Schrittes mit ihr zu ihrem Zimmer. Dabei sagt sie:»*Ich lasse mich von dir nicht schlagen und treten. Du darfst wütend sein. Aber wenn du mich schlägst und trittst, musst du in deinem Zimmer bleiben. Dort bleibst du so lange, bis du dich beruhigt hast. Ich hole dich dann wieder aus deinem Zimmer ab.*«

Sie bringt sie in ihr Zimmer, setzt das schreiende und um sich schlagende Mädchen in ihr Bett und verlässt das Zimmer. Im Hinausgehen zieht sie die Zimmertür zu. Von draußen hört sie sehr wohl, was im Zimmer vor sich geht. Das Mädchen schreit weiter, tritt mit den Füßen gegen die Wand. Die Mutter spricht jedoch nicht mit ihr durch die Zimmertür. Nach etwa drei Minuten wird der Zorn weniger und das Geschrei verstummt allmählich. Als die Kleine zur Ruhe gekommen ist, geht ihre Mutter ins Zimmer und nimmt sie in den Arm. Sie sagt: »*Ich finde es schön, dass du dich ganz allein wieder beruhigt hast. Komm, wir versuchen es noch einmal mit dem Zähneputzen.*« *Und jetzt klappt das Zähneputzen problemlos. Anschließend lobt die Mutter das Mädchen, wie gut sie sich die Zähne geputzt hat, sie bringt sie in ihr Bett und erzählt noch eine Geschichte.*

In dieser zweiten Variante dieses Beispiels waren die Wut und der Zorn des kleinen Mädchens wesentlich stärker. Nicht selten lässt sich mit etwa fünf Jahren eine *zweite*»*Trotzphase*« beobachten. Dahinter steckt der berechtigte Wunsch eines jeden Kindes, sich durchsetzen zu wollen und einen Schritt weiter in Richtung Eigenständigkeit und Autonomie zu gehen. Es gibt viele Situationen, in denen es auch in diesem Alter nicht zu Wutausbrüchen kommen muss, weil der Wille des Kindes von seinen Eltern akzeptiert werden kann. Das sind für das Kind wichtige Lebenserfahrungen, dadurch spürt sich das Kind als »selbstwirksam«, sein Selbstwertgefühl und Selbstvertrauen werden gestärkt. Sie sollten jedoch nicht nachgeben, nur weil Ihr Kind wütend wird. Versucht sich Ihr Kind mit einem Wutanfall durchzusetzen, bleiben Sie bei Ihrem Nein, denn sonst lernt das Kind die ungünstige Botschaft: »Mit Wut und Aggression setze ich mich durch«. *Wichtige Regeln für das Zusammenleben*, die ja meistens auch schon mit dem Kind besprochen worden sind, *muss man durchsetzen*. So auch im obigen Beispiel: Die Mutter bestand auf der Einhaltung einer für sie wichtigen Regel, die zur Erhaltung der kindlichen Gesundheit dient. Durch diese Einschränkung aus kindlicher Sicht wurde diese heftige Wutreaktion ausgelöst. Klare, eindeutige Worte konnten das Kind in dieser Situation nicht mehr erreichen. Die Mutter wurde attackiert, das Kind missachtete eine weitere wichtige Regel: »Wir gehen friedfertig miteinander um.« Nun spürte die Mutter ihrerseits heftigen Zorn aufwallen. Die Gefahr in einer solchen Situation ist, dass sich Eltern in ihrer Wut zu heftigem Schreien, demütigender Beschimpfung, Schlagen des Kindes und körperlicher Züchtigung hinreißen lassen. Andererseits war in der eben beschriebenen Situation eine konsequente Grenzsetzung notwendig, um zu verhindern, dass das Kind aggressive und gewalttätige Verhaltensweisen als erfolgreich erlebt, ohne ihm jedoch durch Gegengewalt ein aggressionsförderndes Lernmodell zu bieten. In dieser zweiten Variante dieses Beispiels wählte die Mutter zur Lösung dieses gewalttätigen Konfliktes die Methode der »Auszeit« (s. Seite 133). Die Auszeit ist unter lernpsychologischen Gesichtspunkten eine Form der Bestrafung, da sie, wenn sie richtig und passend angewendet wird, für das Kind im ersten Moment unangenehm ist (das Kind wird für kurze Zeit aus der »aufgeheizten« Situation herausgenommen).

Strafen als »Erziehungsmittel« sind etwas äußerst Kompliziertes, wobei man viele Fehler machen kann. Eine Strafe als »Erziehungsmittel« dürfte nicht zu streng sein (sonst wird Angst, Flucht und Wut hervorgerufen), andererseits müsste sie streng genug sein, um als unangenehm empfunden zu werden. Sie müsste zudem unmittelbar nach dem unerwünschten Verhalten erfolgen (damit der Zusammenhang zum unerwünschten Verhalten für den Bestraften spürbar wird), außerdem möglichst jedes Mal nach dem unerwünschten Verhalten (damit der Zusammenhang zum unerwünschten Verhalten auch bekräftigt wird). Fehler bei Bestrafungen sind praktisch vorprogrammiert, wenn Strafe aus elterlicher Wut und elterlichen Hassgefühlen heraus verhängt wird. Denn in einer solchen Situation fehlt der klare Kopf, um die vielen möglichen Fehler zu vermeiden. *Körperliche Gewalt als Strafe ist immer schlecht*, da dadurch viel Schaden, aber kein Nutzen erreicht wird.

Trotzdem gibt es Situationen, in denen nur durch das unangenehme Erlebnis einer Bestrafung Einhalt zu gebieten ist. Freundliches Verständnis und Lob als alleiniges Erziehungsmittel taugen nicht zur Beeinflussung aggressiven Problemverhaltens. Die *Auszeit* ist eine Sanktion, mit der keine körperliche Gewalt vorgelebt wird. Das Kind wird kurzfristig aus der aufputschenden, für beide Seiten unerträglichen Situation herausgeholt. Das ist zunächst unangenehm für das Kind, andererseits hat es aber die Möglichkeit, zur Ruhe zu finden. Ebenso können die Eltern zur Ruhe finden und sie werden davor bewahrt, im Affekt schädigende körperliche Strafen durchzuführen. In der Auszeit sollte nicht mit dem Kind diskutiert werden. Durch den Effekt der beiderseitigen Beruhigung haben sowohl Eltern als auch Kind die Möglichkeit, nach der Auszeit in einer bereinigten, wieder freundlich getönten Atmosphäre zueinanderzufinden. Hat es das Kind geschafft, wieder zur Ruhe zu kommen, und wird die Auszeit sodann beendet, sollten Sie Ihrem Kind durch freundliche Mimik und aufrichtiges Lob zeigen, dass Sie es gut finden, dass es selbst zur Ruhe gefunden hat. Durch diese positive Atmosphäre zeigen Sie Ihrem Kind, dass Sie es achten und weiterhin lieben.

Durch diese positive Atmosphäre zeigen Sie Ihrem Kind aber auch, was Bereitschaft zur Versöhnung ist: eine wichtige zwischenmenschliche Fähigkeit, die Kindern auch bei späteren Konflikten außerhalb des Elternhauses nützlich ist. Auch bei Konflikten zwischen Eltern kann eine kurze Auszeit voneinander mit anschließendem klärenden Gespräch und Versöhnung sehr hilfreich sein. Ist nach Ablauf der Auszeit das eigentliche Problem noch nicht gelöst (im vorigen Beispiel waren die Zähne noch nicht geputzt), muss die Forderung wiederholt und bei erneuter Eskalation mit einer weiteren Auszeit reagiert werden, bis der Forderung nach Beachtung einer wichtigen Regel nachgekommen wird.

Das Kind muss in der Auszeit wieder zur Ruhe kommen. Nachdem das Kind wieder ruhig geworden ist, dauert die Auszeit noch so lange an, bis ein drei- bis fünfjähriges Kind es geschafft hat, zwei Minuten, oder bis ein Grundschulkind es geschafft hat, fünf Minuten ruhig zu bleiben. Während der Auszeit darf das Kind keine Angstzustände bekommen, das Zimmer darf nicht dunkel sein und Auszeit sollte möglichst nicht in einer ungewohnten Umgebung stattfinden. Wenn das Kind während der Auszeit den Raum verlässt, beginnt die Auszeit wieder von vorn. Notfalls muss während der Auszeit auch die Zimmertür zugehalten (Achtung: Gefahr des Machtkampfes an der Türklinke!) oder abgeschlossen werden, damit eine Distanz und eine Chance zur Beruhigung für beide Seiten durchgesetzt werden kann. Wenn Sie sich entschließen, die Auszeit einzuführen, sollten Sie in jedem Fall die *Regeln der Auszeit* in einem ruhigen Moment mit Ihrem Kind *vorher besprechen*, damit Ihr Kind informiert ist und keine Angst bekommt. Dann ist es nämlich auch die Entscheidung des Kindes, ob zum Beispiel die Tür abgeschlossen werden muss. Wichtig bei allen erzieherischen Strategien ist jedoch, dass Sie sich als Eltern vorher damit auseinandergesetzt haben und dass Sie zur Überzeugung gelangt sind, dass diese Maßnahmen richtig sind. *Erzieherische Maßnahmen, bei denen Sie ein »ungutes Gefühl im Bauch« haben, sollten Sie unterlassen.* Manchmal kann es auch hilfreich sein, wenn die Eltern in eine »Auszeit« (Elternauszeit) gehen und das Konfliktfeld für kurze Zeit räumen, zum Beispiel durch Verlassen des Zimmers. Das ist gerade bei älteren Kindern hilfreich.

Wenn Ihr Kind immer wieder zu Wutausbrüchen neigt, so kann in der jeweiligen Situation die konsequente Anwendung der Auszeit oder der Elternauszeit hilfreich sein. Es ist jedoch gut, wenn Sie versuchen, Ihr Kind dabei zu unterstützen, seine *Wut bewusster regulieren* zu lernen. Ähnlich wie man selbst als Erwachsener mit einigen »Tricks« seine Wut regulieren lernen kann, können Sie diese Tricks auch mit Ihren Kindern in einem ruhigen Moment besprechen, damit die Kinder eine Chance haben, diese zum Beispiel in der Auszeit zu üben (mit dem Fuß aufstampfen, gegen ein Kissen oder einen Boxsack schlagen, tief durchatmen und die Luft langsam ausströmen lassen, von 10 rückwärts zählen usw.). Vielleicht fallen Ihnen und Ihren Kindern in diesen Gesprächen noch weitere Handlungsstrategien ein, mit denen Wut »sozial verträglich« reguliert werden kann, ohne zu pöbeln, zu schreien, zu schlagen oder zu zerstören. Viele der kleinen »Rumpelstilzchen« lernen auf diese Art mit der Zeit ganz gut, sich selbst zu beruhigen.

Ein sechsjähriger Junge kommt aus dem Kindergarten und pöbelt seine Mutter an: »Du scheiß Mama, du bist doof.« Die Mutter ist erschrocken und versteht nicht, warum der Junge so ärgerlich ist. Sie merkt aber auch, dass von einer Sekunde zur nächsten Zorn in ihr hochsteigt. Trotzdem schafft sie es noch mit ärgerlicher, aber relativ ruhiger Stimme zu sagen: »Ich möchte nicht, dass du so mit mir sprichst. Du weißt, dass wir keine Schimpfworte benutzen.« (Klare Botschaft) Trotzdem pöbelt der Junge weiter.

Die Mutter ist plötzlich so zornig, dass sie die Schimpf-worte nicht einfach gelassen ignorieren kann. Somit verlässt sie die Küche, lässt den Sohn stehen, geht ins Wohnzimmer, schließt die Tür hinter sich ab und macht das Radio an. (Eine logische Konsequenz bei Beschimpfung führt zum Beispiel zu kurzfristigem Kontaktabbruch: Eltern gehen in die Auszeit.) Das ist für sie in diesem Moment die einzige Möglichkeit, ihrem Sohn nichts »anzutun«. Die Musik im Radio hilft ihr, das Hämmern des Jungen gegen die Wohnzimmertür besser zu ertragen und allmählich »herunterzufahren«. Nach einer Viertelstunde geht es ihr besser, der Junge hat das Hämmern und Pöbeln längst eingestellt. Sie kann nun das Wohnzimmer verlassen. Ihr Sohn sitzt in der Küche und malt. Sie geht zu ihm und sagt: »Na, was hat dich denn so wütend gemacht?« Der Junge erzählt ihr von einem anderen Kind, welches ihn im Kindergarten wegen seiner Latzhose gehänselt hat. Die Hose hatte die Mutter am Morgen ausgewählt. Anschließend besprechen beide noch einmal die missachtete Regel und versöhnen sich.

Ein bis zwei Wochen, nachdem Sie begonnen haben, das Mittel der Auszeit konsequent anzuwenden, sollte eine Auszeit nicht häufiger als dreimal pro Tag notwendig sein. Sollten Sie dann weiterhin das Gefühl haben, ständig Auszeiten durchführen zu müssen, so kann das an zu strengen Regeln oder an einem Dauermachtkampf (bei zu wenig positiver elterlicher Aufmerksamkeit) liegen. Denn Sie müssen bedenken: *Grenzsetzungen können nur auf dem Boden einer guten Beziehung zu Ihrem Kind wirken.* Versuchen Sie also das Positive in Ihrem Kind zu erkennen und Ihrem Kind jeden Tag mit Lob, Zuwendung und Aufmerksamkeit in positiven Situationen zu zeigen, dass Sie es gernhaben. Wenn Sie das Gefühl haben, dass sich eine Mauer zwischen Ihnen und Ihrem Kind aufgebaut hat, so benötigen Sie umgehend beratende Hilfe, zum Beispiel in Form einer Erziehungsberatung oder eines Elterntrainings (s. Kapitel 7).

Nach der Durchführung von Maßnahmen mit bestrafendem Charakter (wie der Konfrontation mit den logischen Konsequenzen eines Verhaltens, der Durchführung der Auszeit oder der Verpflichtung zur Wiedergutmachung eines Schadens), sollte dem Kind eine *versöhnliche Atmosphäre* angeboten werden. Das sachliche Gespräch (Beschreibung der Konfliktsituation aus Sicht des Kindes und aus Sicht der Eltern, Klärung der nicht eingehaltenen Regel, Begründung der Regel, Besprechen der erlebten Gefühle, Erklärung der Eltern, dass sie ihr Kind trotz Konflikt lieb haben) im liebevollen Arm von Vater und Mutter kann sehr gewinnbringend sein, egal wie alt das Kind ist. Der »erhobene Zeigefinger« mit Aufflammen von Vorwürfen hat in einer solchen Versöhnungssituation nichts zu suchen.

In manchen Situationen ist es jedoch hilfreich, einer Grenzen setzenden klaren Botschaft ein *»freies Intervall«* folgen zu lassen. Sie geben dem Kind dadurch Zeit, sich mit der von Ihnen angesprochenen Regel oder der Grenzen setzenden Äußerung auseinanderzusetzen.

Im Zimmer eines sechsjährigen Mädchens liegen Bausteine, Puppen und Kleider durcheinander auf dem Boden. Die Mutter kommt in das Zimmer und sagt zu dem Mädchen: »Dein Zimmer ist völlig durcheinander. Ich möchte, dass du die Bücher ins Regal und die Kleider in den Schrank räumst, damit wir dein Zimmer sauber machen können. Ich bin sicher, dass du das schaffst.« Die Mutter verlässt das Zimmer. Als sie nach zwei Stunden wiederkommt, hat das Mädchen die Bücher und die Kleider weggeräumt. Die Mutter ist begeistert und sagt freudig: »Das hast du aber toll gemacht. Ich helfe dir noch schnell bei den Bausteinen und dann kann dein Zimmer geputzt werden.«

Das Mädchen hat von seiner Mutter die Zeit bekommen, die es braucht, die Aufforderung zu verarbeiten und zu akzep-

tieren, ohne dass die Mutter schon frühzeitig unnötigen »Druck« macht.

Nun hätte es sein können, dass das Mädchen diesen gewährten Zeitraum nicht nutzte und auch nach zwei Stunden alles weiterhin durcheinander auf dem Boden liegt. Als die Mutter das sieht, verspürt sie Ärger aufwallen. Für sie ist es wichtig, dass Ordnung geschaffen wird, da sie noch staubsaugen will. Eine Auszeit zu verhängen, würde keinen Sinn machen. Sie wählt eine andere, ungewöhnliche Konsequenz: Sie geht ins Zimmer ihrer Tochter, schließt von innen die Tür ab, setzt sich vor die Tür auf den Boden und sagt ganz ruhig, aber bestimmt: »Ich bleibe hier sitzen, bis du dein Zimmer aufgeräumt hast. Du musst aufräumen, denn es muss noch gesaugt werden.« Die Mutter geht sozusagen in einen *passiven Widerstand* und demonstriert durch gelassene Entschlossenheit und Anwesenheit eine *gewaltfreie Einschränkung*. Das Mädchen beginnt zu schreien, die Mutter solle ihr Zimmer verlassen, sie wolle spielen. Die Mutter sagt gar nichts, bleibt aber ruhig sitzen. Das Mädchen kann das Zimmer auch nicht verlassen, denn die Mutter sitzt mit dem Rücken vor der Tür auf dem Boden. Nach wenigen Minuten beruhigt sich die Kleine und beginnt, die Puppen auf ihren Schrank zu legen. Als diese weggeräumt sind, sagt die Mutter: »Ich freue mich, dass du so schön aufräumst. Bei den Kleidern helfe ich dir noch, dann sind wir schnell fertig.« Gut gelaunt räumen sie beide die Kleider vom Boden und das Mädchen lässt es sich sodann nicht nehmen, selbst zu saugen.

Manchmal sind ungewöhnliche Konsequenzen sehr hilfreich. Eine besondere Form von ungewöhnlichen Konsequenzen sind sogenannte *paradoxe Interventionen*, also elterliche Reaktionen, die das Kind überhaupt nicht erwartet.

Ein Vater bringt seine vierjährige Tochter morgens immer mit dem Auto zum Kindergarten. Beide Eltern sind berufstätig, die Mutter verlässt das Haus schon früh. Die Kleine fühlt sich im Kindergarten wohl. Mittags will sie gar nicht mit nach Hause, die Erzieherinnen beobachten auch keine Auffälligkeiten. Trotzdem jeden Morgen im Auto das gleiche »Ritual«: Die Kleine jammert, quengelt, schreit, sie wolle nicht in den Kindergarten. Der Vater ist immer etwas unter Zeitdruck, oft schimpft er, sie solle leise sein, das helfe alles nichts, sie müsse in den Kindergarten, Mama und Papa müssten ja arbeiten und Geld verdienen, damit sie etwas zu essen kaufen können. Die Kleine jammert weiter. Genervt wird der Vater hinter dem Steuer unwirsch und schimpft, sie solle endlich leise sein. Es hilft nichts. Er versucht das Jammern zu ignorieren. Schweißgebadet mit Dröhnen in den Ohren liefert er die Kleine im Kindergarten ab. So geht es Tag für Tag.

Eines Tages beschließt der Vater, das jetzt anders zu machen, er will sich nicht mehr stressen und »vollheulen« lassen. Als das Geheule beim Abbiegen auf die Hauptverkehrsstraße wieder losgeht, beginnt auch er zu heulen und nach Herzenskräften zu jammern. Die Kleine stutzt sofort und fordert, dass der Papa aufhören solle. Der lässt sich aber nicht beirren und heult weiter wie ein Wolf. Er spürt ein befreiendes Gefühl, der Ärger ist weg und die Kleine ist still. Jedes Mal, wenn die Kleine wieder mit dem Jammern beginnt, stimmt auch er wieder ein, jammert sich den Morgenfrust von der Seele und die Kleine ist still. Nach ein paar Tagen sind die Fahrten zum Kindergarten ruhig und friedlich.

Gewalttätigkeiten Ihrer Kinder gegenüber anderen Menschen dürfen Sie auch in diesem Lebensalter nicht akzeptieren (s. voriges Kapitel). Greifen Sie in solchen Situationen ein und solidarisieren Sie sich zum Beispiel mit dem Opfer. Schwierig wird die Situation jedoch oft beim *Geschwisterstreit*. Dabei kann es sein, vor allem wenn es häufig zu diesen Streitigkeiten kommt, dass zumindest eines der streitenden Geschwister mit dem provozierten Streit Ihre elterliche Aufmerksamkeit auf sich ziehen will. In einer solchen Situation kann es hilfreich sein, wenn Eltern beide Kinder getrennt voneinander in die Auszeit bringen oder wenn Eltern sich aus einer solchen Streitigkeit heraushalten. Sie könnten in einer solchen Situation zum Beispiel nur sagen: »Ich bin sicher, dass ihr diesen Streit selbst lösen könnt«, und sich dann eine »Elternauszeit« nehmen, indem Sie den Raum verlassen. Dieses Vorgehen sollten Sie jedoch nur dann wählen, wenn keine Verletzungen des unterlegenen Kindes zu erwarten sind und wenn sich noch keine gewalttätige Verhaltensauffälligkeit eines Ihrer Kinder entwickelt hat (zum Beispiel mit auffallender Brutalität und fehlenden Hemmschwellen). Dann nämlich müssten Sie sich umgehend beratende Hilfe holen und sollten darüber nachdenken, warum Ihre Kinder durch solche Streitigkeiten Ihre Aufmerksamkeit provozieren wollen. Vielleicht brauchen sie mehr freundliche Zuwendung durch Sie in friedlichen Situationen des familiären Zusammenlebens.

Ein sechsjähriger Junge hat ein eigenes Zimmer. Dieses liegt direkt neben dem Zimmer seines zehnjährigen Bruders. Mehrmals am Nachmittag gibt es lautstarken Streit zwischen beiden. Sie beschimpfen sich, schlagen aufeinander ein. Die Mutter ist dadurch sehr belastet und fürchtet oft um die Gesundheit des jüngeren Kindes, denn der Große hat schon viel Kraft. Glücklicherweise – aber auch erstaunlicherweise – hat bisher kein Kind eine ernsthafte Verletzung davongetragen – ein paar blaue Flecken oder eine Schramme schon, aber keine Platzwunden oder gar Knochenbrüche. In ihrer Sorge eilt die Mutter, abends auch schon mal der Vater, immer zu den Kinderzimmern, wenn wieder Geschrei und Geheul das Haus erfüllen. Die Eltern schimpfen wie die Rohrspatzen, halten Predigten, verhängen Fernsehverbot und sind verzweifelt, dass sich nichts ändert.

Die Eltern fragen ihre Kinderärztin um Rat, die dann auch einmal mit dem jüngeren der beiden Kinder spricht. Auf Nachfrage gibt der Junge preis, dass er oft Spaß an diesen Streitereien habe. Was ihm genau Spaß mache, kann er jedoch nicht benennen. Nur wenn sein Bruder mal heftig zurückhaue, mache es keinen Spaß mehr, aber das passiere nicht so häufig. Die Mutter ist angesichts dieser Aussage völlig erstaunt. Vielleicht macht es dem Kleinen ja auch Spaß, dass Mutter oder Vater immer sofort aufgeregt in der Tür stehen (Machtkampf?), oder er hat wirklich Spaß an dem Gerangel mit seinem Bruder? (Der Kleine ist sehr robust, hat anscheinend ein vermindertes Schmerzempfinden. Vielleicht liegt auch eine Wahrnehmungsproblematik vor, dass der Kleine derbe Rangeleien braucht, um sich gut zu spüren.) Über die Empfindungen des großen Bruders kann die Mutter nicht berichten. Somit verabredet die Kinderärztin mit der Mutter, auch noch einmal mit dem Großen zu kommen. Zwischenzeitlich aber solle sie versuchen, die »Konflikte« ihrer Kinder nicht mehr zu beachten, die Streitigkeiten zu ignorieren und erst zu handeln, wenn eines ihrer Kinder mit einer Blessur zu ihr kommt. Vielleicht provoziert der Kleine die Vorfälle ja immer wieder, um sich an den Machtgefühlen gegenüber seinen hilflosen Eltern zu laben. Oder beide Geschwister haben vielleicht wirklich Spaß an den Auseinandersetzungen (was die Mutter angesichts des teuflischen Geschreis beider Kinder bis jetzt nicht glauben konnte).

Und tatsächlich: Die Auseinandersetzungen der beiden werden weniger. Sie verschwinden nicht ganz, denn vielleicht haben beide Geschwister wirklich auch etwas Spaß an den Reibereien. Aber die Streitigkeiten sind längst nicht mehr so laut und nicht mehr so häufig. In der Folgezeit schafft es die Mutter, täglich mit jedem ihrer Kinder einzeln eine *schöne gemeinsame Zeit* einzuführen (s. Kapitel »Das zweite und dritte Lebensjahr«). Sie liest ihnen vor, sie kuscheln ein wenig und erzählen sich ihre Erlebnisse des Tages. In der Folge tritt eine weitere Veränderung ein: Die Streitigkeiten verschwinden fast ganz. Stattdessen spielen die beiden immer häufiger friedlich miteinander. Sie haben es offensichtlich nicht mehr nötig, die Beachtung ihrer Eltern durch Streitigkeiten auf sich zu ziehen.

Die vierjährige Schwester geht immer wieder ungefragt ins Zimmer ihres siebenjährigen Bruders. Dieser will das nicht, er will in Ruhe gelassen werden, entweder seine Hausaufgaben erledigen oder ungestört in einem Buch lesen oder mit seinen Spielsachen allein spielen. Er fordert seine kleine Schwester jedes Mal auf, den Raum zu verlassen. Sie respektiert diese Forderung nicht und bleibt im Raum. Das führt dazu, dass ihr Bruder lautstark schimpft und sie aus dem Zimmer schiebt. Das Mädchen beginnt zu schreien und zu schlagen und im Nu steht die Mutter in der Tür. Sie schimpft den Großen aus, warum er seine kleine Schwester schlage. Dieser fühlt sich ungerecht behandelt und beginnt seinerseits die Mutter zu beschimpfen. Verzweifelt sucht die Mutter eine Erziehungsberatungsstelle auf.

In den Gesprächen dort werden die Streitsituationen rekonstruiert. Schnell wird klar, dass die kleine Schwester diese Situationen provoziert. Einerseits genießt sie die Einmischungen ihrer Mutter, andererseits ist sie auch enttäuscht, denn sie würde gerne mit ihrem Bruder spielen. Dieser aber will das nicht und fühlt sich in seinem eigenen Zimmer von seiner Schwester bedrängt.

Der Mutter wird bewusst, dass sie diese Situation mit ihren Kindern in einem ruhigen Moment besprechen muss, nicht dann, wenn der Streit ausgebrochen ist. Sie ruft ihre Kinder an einem ruhigen Nachmittag zusammen, jeder bekommt eine Tasse Kakao und dann beginnt der *Familienrat*. Nachdem die Mutter erklärt hat, was ihr am Miteinander der Geschwister nicht gefällt, hat jedes Kind Gelegenheit, nacheinander seine Meinung dazu zu sagen. Die Wünsche werden klar: Der Junge möchte selbst darüber entscheiden, ob seine Schwester in seinem Zimmer bleiben darf oder nicht, das Mädchen wünscht sich, auch mal mit ihrem großen, von ihr bewunderten Bruder spielen zu dürfen. Daraufhin können die drei *Absprachen* treffen: Der Junge darf entscheiden, ob seine Schwester in seinem Zimmer bleiben darf oder nicht, die Schwester hat sich zu fügen. Wenn sie das Zimmer nicht verlässt, darf der Junge sie aus dem Zimmer schieben und seine Zimmertür sodann abschließen. Dafür wird extra ein neues Schloss, welches innen einen Drehknopf und außen einen Drehschlitz hat, in seine Zimmertür eingebaut. Andererseits wird verabredet, dass der große Bruder jeden Tag etwas mit seiner kleinen Schwester macht, und wenn es nur 15 Minuten sind: Manchmal spielen sie mit den Bauklötzen oder er liest ihr eine kleine Geschichte vor. Das macht ihm mit der Zeit immer mehr Spaß und seine kleine Schwester kann die Regelung, nur mit Erlaubnis in seinem Zimmer bleiben zu dürfen, immer besser respektieren.

Zwei Brüder, fünf und sechs Jahre alt, haben von klein auf ein problematisches Verhältnis zueinander. Der Ältere reagierte damals, als er mit eineinhalb Jahren seinen Bruder bekam, eifersüchtig. Die Mutter war zu dieser Zeit sehr belastet: die schnell aufeinanderfolgenden Schwangerschaften, der »Große«, der noch so klein war, dass er die Situation nicht verstehen konnte. Ihr Mann, der beruflich überlastet am liebsten mit all dem familiären Stress nichts zu tun gehabt hätte, zog sich immer mehr zurück. Sie versuchte den »Kleinen« zu stillen, hatte immer den »Großen« am Rockzipfel und reagierte oft mit Zurückweisung und Schimpfen. So richtig konnte sich die Situation nicht beruhigen. Der »Große« attackierte immer wieder den Kleinen, der schrie und versuchte, als er allmählich größer wurde, sich immer wieder zu wehren. Die Mutter hatte in diesem Spannungs-

feld kaum mehr Freude an ihren Kindern. Mit Übergang in die Kindertagesstätte entspannt sich die Situation über Tag, aber sobald die Kinder wieder zu Hause sind, geht es wieder los mit dem Streit.

Nach Gesprächen mit den Erzieherinnen und dem Kinderarzt wird der Mutter klar, dass sie selbst mehr Gelegenheiten braucht, Kraft zu tanken. Sie schafft es nunmehr, die Vormittage nicht nur mit Hausarbeit zu verbringen, sondern auch vermehrt für sich und ihre Bedürfnisse zu nutzen: Sie trifft sich mit Freundinnen, macht wieder Sport und sucht sich eine Teilzeitstelle in ihrem alten Beruf als Buchhalterin. Allein dadurch wird ihre nervliche Stabilität besser. Sie kann gelassener mit den Streitigkeiten der Kinder umgehen. Außerdem schafft sie es nunmehr, *konsequent und ruhig* auf diese Tumulte zu reagieren: Sobald wieder Geschrei im Kinderzimmer aufflammt, geht sie dorthin, und ohne viele Worte, aber mit ruhiger Stimme bringt sie jedes Kind in sein Zimmer in die *Auszeit*. Dort müssen beide so lange bleiben, bis einige Minuten Ruhe eingekehrt sind. Sodann geht die Mutter zu den Kindern, lobt sie, dass sie es geschafft haben, wieder ruhig zu werden, und lässt sie wieder miteinander spielen. Wenn die Kinder eine Weile friedlich miteinander gespielt haben, geht sie zu ihnen, drückt beide liebevoll an sich und schlägt vor, ob sie nicht etwas zusammen spielen können. Sie schenkt ihnen *Beachtung zu einem positiv getönten Zeitpunkt*. Mit der Zeit entwickelt sich so allabendlich vor dem Abendessen eine *gemeinsame Spielzeit*, die allen Spaß macht. Die Situation entspannt sich merklich.

Während in der Säuglingszeit wichtige Grundlagen für eine stabile Bindung und Beziehung zu den Eltern gelegt werden, ist die Kleinkind- und Kindergartenzeit die wichtigste Zeit für die Erziehungsprozesse. Erzieherische Versäumnisse in dieser Lebensphase lassen sich nicht durch die Schule beheben. Daher sollten Sie als Eltern intensiv mit den Kindergärten zusammenarbeiten, die somit auch eine große Verantwortung haben.

Die Verantwortung der *Kindergärten und Kindertagesstätten* ist in den letzten Jahren noch weiter gestiegen, da zunehmend jüngere Kinder tagsüber dort untergebracht werden. Die Diskussion über die Unterbringung von Kindern im ersten Lebensjahr in Kindertageseinrichtungen wird einerseits geprägt durch die Sorge, dass Kinder seelischen Schaden nehmen könnten, andererseits durch die Einforderungen des Rechtes auf Berufstätigkeit der Eltern. Beobachtungen aus den 1980er-Jahren zeigten, dass Kinder, deren Mütter im ersten Lebensjahr wieder berufstätig wurden, ein erhöhtes Risiko für die Entwicklung von Bindungsstörungen hatten, wenn die Mutter mehr als halbtags arbeitete. Kinder, die schon in der Säuglingszeit in Tagesbetreuungseinrichtungen untergebracht wurden, entwickelten in der Folge etwas häufiger aggressives Verhalten. Andererseits zeigte sich, dass keine negativen Entwicklungseinflüsse zu erwarten sind, wenn die Kinder von einer stabilen Bezugsperson betreut werden. Somit ist die *Qualität einer Fremdbetreuung* von jungen Kindern von entscheidender Bedeutung.

Die Deutsche Gesellschaft für Sozialpädiatrie und Jugendmedizin gibt Folgendes zu bedenken: Der Aufbau einer Zweitbindung außerhalb der Familie sollte erst dann erfolgen, wenn die Erstbindung zu den ersten und wichtigsten Bezugspersonen (meistens die Eltern) sicher und gefestigt ist. Somit ist eine außerfamiliäre Betreuung im ersten Lebensjahr *nicht* generell empfehlenswert. Ein Teil der Kinder in Krippenbetreuung zeigt eine anhaltend erhöhte Ausschüttung des Stresshormons Cortisol. Diese erhöhten Hormonspiegel können sich nachteilig auf die Gehirnentwicklung auswirken. Daher sollte die außerfamiliäre Betreuungssituation so schonend wie möglich gestaltet werden: für Kinder im Alter von neun bis zwölf Monaten eine Betreuerin auf höchstens zwei Kinder, im Alter von zwölf bis 24 Monaten eine Betreuerin auf höchstens drei Kinder, im Alter von 24 bis 36 Monaten eine Betreuerin auf höchstens vier Kinder. Bei Ausfall der Betreuungsperson sollte die möglichst nur kurz dauernde Ersatzbetreuung durch eine Betreuungsperson erfolgen, die die Kinder schon kennen. Zudem müssen an die Betreuungspersonen hohe Anforderungen gestellt werden: eine gute pädagogische (Fachhochschul-)Ausbildung, eine stabile Persönlichkeit mit regelmäßiger Selbsterfahrung und Supervision. Außerdem – und das kann man nicht unbedingt lernen – sollten die Betreuerinnen einerseits warmherzige, einfühlsame, andererseits klare und strukturierte Persönlichkeiten sein.

Professionelle Betreuerinnen und Betreuer müssen die Kinder liebevoll aufnehmen, professionell und altersangemessen fördern, Entwicklungsprobleme erkennen und für diese Probleme in der Institution sprachtherapeutische, heilpädagogische und gegebenenfalls verhaltenstherapeutische Angebote bereithalten. Institutionalisierte professionelle Kinder-Frühbetreuung ist sehr anspruchsvoll und wird in unserer Gesellschaft leider nicht ausreichend gewürdigt und honoriert. Das muss sich ändern.

Es gibt verschiedene *Projekte für Kindertagesstätten*, die das Ziel haben, das Einfühlungsvermögen und das Sozialverhalten zu verbessern. Jede Kindertagesstätte sollte solche Programme durch entsprechend geschulte ErzieherInnen anbieten. Zwei dieser Projekte werden hier kurz beschrieben.

Das Projekt »Faustlos«, ein Programm zur Gewaltprävention und zur Förderung sozialer Fertigkeiten, gibt es in einer Version für Kindergärten und in einer Version für Grundschulen. Untersuchungen zeigten, dass sich bei Kindern (sowohl im Kindergarten- als auch im Grundschulalter), die an diesem Programm teilnahmen, aggressive Verhaltensweisen verminderten und sozial angemessenes Verhalten häufiger zu beobachten war. Untersuchungen mit der amerikanischen Version »Second Step« zeigten jedoch, dass sich die Effekte bereits sechs Monate nach Beendigung eines solchen Schulungsprogramms wieder reduzierten. Somit ist es sinnvoll, derartige Schulungsprogramme über mehrere Jahre fortzusetzen, beginnend im Kindergarten bis in die Grundschulzeit.

Das Projekt »B.A.S.E.-Babywatching« ist ebenfalls ein Projekt für Kindergärten und Grundschulen, das das Einfühlungsvermögen und Sozialverhalten fördert. Eine Mutter besucht mit ihrem Baby ein Jahr lang einmal in der Woche zum Beispiel einen Kindergarten. Die Kindergartenkinder können das Miteinander zwischen Mutter und Kind beobachten und werden durch die gezielte Anleitung entsprechend geschulter ErzieherInnen dabei begleitet, sich in die Gefühlslagen und Bedürfnisse von Mutter und Kind einzufühlen. Sowohl die Jungen als auch die Mädchen verhielten sich in der Einschätzung der Erzieherinnen und auch der Eltern bei diesem Projekt nach einem Jahr weniger aggressiv, aber auch weniger ängstlich-depressiv.

Zusammenfassende Hinweise

- *Nehmen Sie Ihr Kind ernst,* lachen Sie es nicht aus, vermeiden Sie Ironie. Nehmen Sie Fragen Ihres Kindes ernst und beantworten Sie diese ehrlich! Sprechen Sie viel miteinander, lesen Sie täglich vor, geben Sie Ihrem Kind ausreichend Gelegenheit, sich zu bewegen. Weitere wichtige Hinweise finden Sie im Anhang: »Tägliche Entwicklungsförderung durch Eltern« (Seite 212 ff.). In regelmäßigen Gesprächen zum richtigen Zeitpunkt (allen geht es gut, kein Zeitdruck) sollten Sie die wichtigen Dinge, die die ganze Familie betreffen, Regeln, Planungen besprechen *(Familienrat).*

- Nehmen Sie sich jeden Tag etwas Zeit für Ihr Kind. Während dieser »*schönen gemeinsamen Zeit*« können Sie gemeinsam etwas miteinander machen, was Kindern *und* Eltern Spaß macht: erzählen, vorlesen, singen, tanzen, raufen, kuscheln, spielen usw.
- Versuchen Sie auch weiterhin *Werte* wie Aufrichtigkeit, Einfühlungsvermögen und Verantwortungsbewusstsein *vorzuleben*. Geben Sie Ihre Fehler zu und zeigen Sie dadurch Ihrem Kind, dass auch Sie noch jeden Tag dazulernen und auch Sie nicht vollkommen sind.
- Wird eine Grenzsetzung nötig, so versuchen Sie nach *eindeutiger Kontaktaufnahme* über *klare Botschaften* und *Ich-Botschaften* gegebenenfalls mit *logischen Konsequenzen* und der *Auszeit* die Ihnen wichtige Regel durchzusetzen. Bleiben Sie standhaft und geben Sie in der Durchsetzung nicht vorschnell auf.
- Bestrafungen durch *beleidigende Beschimpfungen und Schlagen müssen Sie unterlassen.* Überzogene Bestrafungen, wie zum Beispiel eine Woche Stubenarrest oder eine Woche Fernsehverbot, die inhaltlich meist nichts mit dem »Vergehen« zu tun haben, sollten Sie ebenfalls vermeiden. Durch derartige überzogene Strafen machen Sie Ihr Kind widerspenstig und bockig. Zudem ist es möglich, dass Sie diese Strafen nicht durchhalten und inkonsequent werden. Das verstärkt das schwierige Verhalten Ihres Kindes.
- Greifen Sie die aufkeimende Leistungsbereitschaft Ihres Kindes auf und *übertragen Sie* nach Absprache mit Ihrem Kind diesem *kleine Aufgaben für die Hausgemeinschaft* (zum Beispiel Tisch abräumen, Müll entsorgen oder Ähnliches). Dadurch lernt Ihr Kind die Übernahme von Verantwortung und das Gefühl kennen, für den Familienalltag auch nützliche Hilfe leisten zu können. Diese Erfahrungen steigern die motorische und geistige Leistungsfähigkeit, das Selbstwertgefühl sowie die Verantwortungsbereitschaft und vermindern dadurch die Anfälligkeit für eine Störung des Sozialverhaltens.

- Bedenken Sie: Die *Kleinkind- und Kindergartenzeit* ist für die Erziehungsprozesse die *wichtigste Zeit!* Erzieherische Versäumnisse in dieser Lebensphase lassen sich nicht durch die Schule beheben. Daher sollten Sie als Eltern intensiv mit den Kindergärten zusammenarbeiten. Initiieren Sie die Einrichtung von Programmen zur Vorbeugung von Gewalt in Ihrem Kindergarten.
- *Thema Bildschirme:* Die übermäßige Beschäftigung mit Fernsehen, PC, Spielekonsolen etc. kann die Entwicklung auch in diesem Alter beeinträchtigen! Empfehlung: Höchstens 30 Minuten Bildschirmzeiten (alle Medien zusammen) pro Tag. Alternativen zu Bildschirmbeschäftigungen finden Sie im Anhang.
- *Tagesstruktur:* Gemeinsame Mahlzeiten zu festgelegten Tageszeiten, Abendrituale mit Gutenachtgeschichte (keine Bildschirmbeschäftigung vor dem Einschlafen), rechtzeitiges Zubettbringen, damit ausreichend Nachtschlaf (neun bis elf Stunden) stattfinden kann, führen dazu, dass Kinder ausgeglichener, leistungsfähiger und emotional stabiler sind.

Das Grundschulalter

Was nimmt das Kind wahr, welche Empfindungen hat es?

Das Bewegungsbedürfnis des Schulkindes ist groß. Die Bewegungen werden harmonischer, die Reaktionsschnelligkeit wird besser. Kinder bewegen sich einfach aus Freude an der *Bewegung*. Bewegung ist für den wachsenden Organismus notwendig. Die Lust und Freude an der Bewegung ist wichtig für das seelische Wohlbefinden.

In den ersten beiden Schuljahren überwindet das Kind allmählich das egozentrische *Denken*. Es empfindet sich immer weniger als Mittelpunkt der Wirklichkeit, nimmt mehr Anteil an seiner Wohnumwelt und an anderen Menschen. Im neunten und zehnten Lebensjahr erweitert sich das Interesse auch auf Dinge und Erlebnisse, die das Kind selbst noch nicht gesehen und erlebt hat. Gegen Ende der Grundschulzeit beginnt die Fähigkeit des abstrakten Denkens. Auch das *Gefühl für die Zeit* wird für die Kinder klarer. Im zweiten Schuljahr sind die meisten Kinder in der Lage, die Uhr zu lernen. Überschaubarere Zeiträume, wie Wochen oder die Zeit bis zu den nächsten Ferien, können im Laufe der Grundschulzeit sicher überblickt werden. Trotzdem kommt es immer wieder vor, dass im Grundschulalter selbst kürzere Zeiträume, wie Stunden, von den Kindern falsch eingeschätzt werden, vor allem dann, wenn sie durch Spiel abgelenkt sind.

Neben der Entwicklung der Denkfähigkeit entwickelt sich auch die *Sprache* zu immer komplizierteren Satzkonstruktionen. Ein Kind im neunten und zehnten Lebensjahr kann meist schon so erzählen, dass sich der Zuhörer die Gegebenheiten gut vorstellen kann, ohne dabei gewesen zu sein. Mädchen zeigen in der Regel eine bessere Sprachentwicklung als Jungen.

Im achten Lebensjahr gibt es oft freundschaftliche Beziehungen zwischen Jungen und Mädchen. Zwischen dem neunten und zehnten Lebensjahr treten Jungen und Mädchen mehr in Distanz zueinander. In der Klassengruppe entwickeln sich nicht selten *Rangordnungen*. Zum Teil werden regelrechte Rangordnungskämpfe beobachtet, vor allem bei Jungen. Besonders körperliche Stärke bringt Ansehen. Benachteiligte Kinder versuchen nicht selten dadurch Aufmerksamkeit zu bekommen, dass sie den Klassenkasper spielen, angeben oder versuchen, Freunde mit Geld zu kaufen.

Im neunten und zehnten Lebensjahr kommt es meist zu einer inneren *Distanzierung von den Eltern.* Viele Kinder machen die Erfahrung, dass auch ihre Eltern unvollkommen sind. Die Kinder betrachten ihre Eltern nun wesentlicher realistischer. Die Kinder werden wieder ein Stück selbstständiger und lösen sich auch in ihrer gefühlsmäßigen Bindung etwas von ihren Eltern. Dieser Loslösungsschritt verläuft auch jetzt nicht selten mithilfe aggressiver Auseinandersetzungen, ähnlich wie in der Trotzphase. Auch in Bezug auf Zärtlichkeiten gegenüber ihren Eltern werden die Kinder zurückhaltender.

Wie sollte Beziehung und Erziehung im Grundschulalter gestaltet sein?

Alles, was in den vorangegangenen Kapiteln erläutert wurde, gilt auch für dieses Lebensalter. Die elterliche Kunst besteht nun darin, wieder ein Stückchen mehr loszulassen, ohne das Kind aus den Augen zu verlieren. Diese Gefahr besteht insofern leicht, da die Kinder viel mehr außer Haus sind. Sie besuchen die Schule, verabreden sich nachmittags mit Freundinnen und Freunden und der Kontakt zu den Eltern vollzieht sich oft nur morgens, mittags und abends. Umso wichtiger ist es, als Eltern in diesen Zeiten für das Kind ansprechbar zu sein. Sind die Eltern auch in diesen kurzen Zeiträumen des Tages nicht für ihr Kind verfügbar, so besteht die Gefahr, dass manche dieser Kinder verwahrlosen und vor allem Kontakte zu Gleichaltrigen außerhalb des Elternhauses pflegen (dies wird später in der Pubertät ein noch wichtigeres Thema). Um den Kontakt zu Ihrem Kind nicht zu verlieren, sollten Sie weiterhin versuchen, eine *positive Familienatmosphäre* zu schaffen.

Nehmen Sie weiterhin Ihr Kind ernst und versuchen Sie seine Gefühle zu verstehen. Fragen Sie jeden Tag nach, was Ihr Kind erlebt hat, was ihm Freude bereitet hat, was es wütend oder traurig gemacht hat, wie die Beziehung zu den Mitschülern war, was es vorhat, mit wem es spielen will und ob es Probleme auch während der Freizeitgestaltung gegeben hat. Es ist wichtig, Ihr Kind nicht mit bohrenden Fragen in die Ecke zu drängen, andererseits ist es genauso wichtig, sich als Eltern von einem »schnoddrigen«, abweisenden Verhalten seiner Kinder nicht kränken zu lassen, sondern »am Ball« zu bleiben.

Eine bewährte Methode ist auch in diesem Lebensalter die tägliche *»schöne gemeinsame Zeit«.* Einmal am Tag setzen Sie sich mit Ihrem Kind gemütlich zusammen, vielleicht legt sich Ihr Kind, auch wenn es acht oder neun Jahre alt ist, liebevoll auf dem Sofa in Ihren Arm. Dann seien Sie einfach da für Ihr Kind. Sie entscheiden gemeinsam mit Ihrem Kind, was Sie in dieser Zeit, die vielleicht nur 15 oder 20 Minuten jeden Tag dauert, zusammen machen möchten. Vielleicht möchten Sie gemeinsam ein Spiel spielen oder Ihr Kind möchte einfach nur von seinen Erlebnissen oder seinen Empfindungen erzählen.

Berichten auch Sie als Eltern über sich. Erzählen Sie bei dieser Gelegenheit von Ihren Alltagserlebnissen, von Ihren Sorgen, von Ihren Freuden oder vielleicht auch kleine Geschichten aus Ihrer Kindheit. Gehen Sie also mit gutem Beispiel voran. Gerade wenn Kinder keine Lust haben zu erzählen, kann das daran liegen, dass der Zeitpunkt nicht der richtige ist, dass sie sich zu sehr bedrängt fühlen oder dass sie »Gemecker« oder Bestrafung fürchten. »Meckern« und Schimpfen sollten während der »schönen gemeinsamen Zeit« vermieden werden. Über diesen Weg können Sie den Kontakt zu Ihrem Kind aufrechterhalten. Sie bleiben miteinander in Beziehung, auch wenn der Alltagsablauf nur noch wenig Zeit füreinander übrig lässt. Aber denken Sie immer wieder daran: Sie müssen auch dafür Sorge tragen, dass es *Ihnen* gut geht. Nur dadurch schaffen Sie es, sich selbst die Kraft zu erhalten, ruhig, liebevoll, aber konsequent im Umgang mit Ihrem Kind zu sein.

In dieser Lebensphase müssen bisherige *Familienregeln* immer wieder überdacht werden, bisherige Grenzen eventuell gelockert werden, damit das Kind nicht in seiner Entwicklung zur Autonomie und Eigenständigkeit behindert wird. Die Kinder wachsen aus vielen bisherigen Grenzen heraus. Von Zeit zu Zeit müssen *neue* Regeln, Pflichten und Rechte jedes einzelnen Familienmitgliedes festgelegt werden. Dazu hat es sich bewährt, regelmäßig *Familienrat* zu halten (s. Kapitel »Das zweite und dritte Lebensjahr«). Alle Familienmitglieder verabreden, sich zum Beispiel einmal in der Woche zu einer gemeinsam festgelegten Zeit in Ruhe zusammenzusetzen und gemeinsam miteinander zu reden. Während einer solchen Sitzung des Familienrats darf alles gesagt werden, was den Einzelnen in der Familie bewegt. Probleme der Eltern mit ihren Kindern, Probleme der Kinder mit ihren Eltern, positive und negative Erlebnisse miteinander und auch außerhalb der Familie, all das muss Platz in der Sitzung des Familienrats haben. Es ist wichtig, dass alle Familienmitglieder als gleichberechtigt während einer solchen Sitzung akzeptiert werden. Vorwürfe und Beschimpfungen haben in einer solchen Sitzung keinen Platz. Innerhalb einer solchen Sitzung müssen auch Sorgen und Nöte zur Sprache gebracht werden. Regeln, die dazu beitragen, das gemeinsame Miteinander positiver zu gestalten, können während dieser Sitzungen gemeinsam verabredet werden. Alle Ideen und Vorschläge werden ernst genommen und von allen bedacht und diskutiert.

Ein Familienrat ist eine demokratische Einrichtung. Gerade deshalb sollte versucht werden, Entscheidungen im gemeinsamen Einvernehmen zu fällen. Wenn nötig, können diese Entscheidungen erst nach langen und reiflichen Diskussionen gefällt werden. Eine solche gemeinsame Entscheidung ist viel besser als ein einfaches »demokratisches« Abstimmen und Überstimmen, welches sich jedoch nicht immer vermeiden lässt. Daher ist es sehr wichtig, dass solche gemeinsamen, produktiven Gespräche zum *richtigen Zeitpunkt* stattfinden, nämlich dann, wenn alle Beteiligten relativ »gut drauf« sind und auch die Zeit haben, sich auf ein solches Gespräch einzulassen.

Ein neunjähriger Junge lebt mit seiner Mutter und seinem Stiefvater in beengten Wohnverhältnissen. Beide Erwachsenen sind berufstätig, gehen schon frühmorgens aus dem Haus. Mittags essen der Junge und die Mutter gemeinsam, der Stiefvater kommt erst abends nach Hause. Die Familienstimmung ist belastet, beide Erwachsenen sind oft gereizt und unausgeglichen. Nach dem Mittagessen muss der Junge seine Hausaufgaben machen und geht dann auf die Straße, um mit seinen Freunden zu spielen. Die Mutter weiß nicht genau, welche Kontakte er hat, und macht sich Sorgen. Um mehr Kontrolle über ihren Sohn zu haben, bestimmt sie, dass er immer um 18 Uhr nach Hause kommen muss. Maulend nimmt der Junge diese Entscheidung zur Kenntnis. Er kommt aber nie pünktlich nach Hause, meist erst um 19 oder 20 Uhr. Die Mutter ist jedes Mal zornig und stellt den Jungen wütend zur Rede. Er behauptet jedes Mal, er hätte vergessen, rechtzeitig nach Hause zu kommen. Die Mutter verhängt daraufhin Strafen, wie Fernsehverbot, Stubenarrest und Ähnliches, Strafen, die den Jungen ärgerlich machen und die meistens nicht eingehalten wurden. Die Mutter ist verzweifelt.

In einer Erziehungsberatung wird die Familie mit dem Konzept einer Familienkonferenz bzw. eines Familienrats bekanntgemacht. Es wird klar, dass der Junge immer das Gefühl hat, in der Gruppe Wichtiges zu verpassen, wenn er so früh nach Hause kommen muss. Außerdem lernen die Eltern mit der Zeit verstehen, dass die schlechte Familienstimmung, das ständige »Meckern« und Schimpfen, den Jungen zusätzlich regelrecht aus dem Haus treibt. Die Eltern lernen, dass der Junge nicht »böse« ist und sie ärgern will, sondern dass er aus mehreren Nöten heraus immer wieder vermeidet, früh nach Hause zu kommen.

Es werden für alle akzeptable Regelungen verabredet. Nach dem gemeinsamen Mittagessen treffen sich Mutter und Sohn nun täglich zu einer kurzen »Zuwendungszeit«, in der Platz für ein offenes, wertungsfreies Gespräch ist. Auch Wärme und körperliche Nähe können sich zwischen Mutter und Sohn wieder entwickeln. Die Stimmung wird bei beiden besser. Der Junge hat es nicht mehr nötig, Notlügen wie »Ich habe vergessen, pünktlich zu kommen« zu benutzen. Er fühlt sich von seiner Mutter viel besser verstanden. Seine Mutter gewinnt ihrerseits wieder Vertrauen in ihren Sohn und kann ihn ein Stück weit besser loslassen, ihm mehr Freiraum gewähren, gleichzeitig jedoch über seine Freizeitaktivitäten und über seine Freunde informiert bleiben.

Mit dem Übergang in die Grundschule ändert sich für das Kind und seine Familie viel. Verschiedene Verhaltensmuster werden von den Kindern erwartet, wie ruhig sitzen, aufmerksam zuhören, sich an Gruppenregeln und Gesprächsregeln halten, eine gewisse Zeit konzentriert eine Aufgabe verfolgen, Lust am Lernen haben usw. Viele Kinder verfügen über diese Fertigkeiten mit dem Eintritt in die Schule, aber längst nicht alle. Der Unterschied im Entwicklungsstand bei Erstklässlern beträgt mitunter mehrere Jahre, manche wirken noch wie Vierjährige, andere wirken schon deutlich reifer – wie Sieben- oder Achtjährige. Die Ursachen für eine beeinträchtigte Entwicklung sind sehr unterschiedlich: Probleme im Elternhaus (wenig sprachlicher Austausch, wenig Förderung, wenig Interesse an Schule und Bildung durch die Eltern etc.), zu kurzer oder gar kein Kindergartenbesuch, angeborene Handicaps

(Wahrnehmungsstörungen, Sprachentwicklungsstörungen, Aufmerksamkeitsstörungen, Intelligenzmangel etc.), Veranlagung und auch das Geschlecht spielen hier eine Rolle. Mädchen sind oft besser in der Lage, den oben genannten schulischen Anforderungen zu genügen.

Die heutigen *Schulen* sind *im Umbruch*, neue organisatorische Konzepte (Klassenstufen werden zusammengelegt, alle Kinder, auch die Kinder mit Behinderungen, werden in einem Grundschulklassenverband unterrichtet etc.) und pädagogische Konzepte (weniger Frontalunterricht, mehr individuelles Lernen, mehr Gruppenarbeit etc.) werden eingeführt. Ganztagsbetreuungen auch im Rahmen der Schule werden zunehmend entwickelt. Ob all diese Neuerungen wirklich Verbesserungen sind, sei dahingestellt.

Im Rahmen der nur mittelmäßigen Ergebnisse der 15-jährigen Schülerinnen und Schüler bei den verschiedenen PISA-Studien wurde ein schulpolitischer Handlungsbedarf gesehen und wurden mitunter vorschnelle Reformentscheidungen getätigt. Dabei gibt es bis jetzt keine Beziehung zwischen den Testleistungen und dem wirtschaftlichen Entwicklungsstand eines Landes. In diesen Zusammenhängen wurde bisweilen übersehen, dass in anderen internationalen Untersuchungen zur vergleichenden Erhebung der Leseleistungen im Grundschulalter (IGLU: Internationale Grundschul-Lese-Untersuchung) die Ergebnisse in Deutschland in den oberen Rängen positioniert waren. Somit scheinen die pädagogischen Konzepte in den Grundschulen und die begleitenden Lernbedingungen auch schon in der jüngeren Vergangenheit gut gewesen zu sein. Natürlich ist es bei der Vielzahl von Einflussfaktoren auf das Lernen von Kindern nicht leicht, auch in wissenschaftlichen Untersuchungen herauszufinden, welche schulischen Konzepte sinnvoll sind. Trotzdem gibt es Erkenntnisse in der Schul- und Lernforschung, die Folgendes nahelegen:

- Gerade lernschwache Schüler profitieren von klaren *Lern-anweisungen, direkten Instruktionen,* während unstrukturierte, entdeckende Lerntechniken bei diesen Kindern nicht so hilfreich sind. Effektiv lernt man, indem man Fehler vermeidet. Denn auch Fehler kann man einüben. Jeder Lerndurchgang ist bedeutsam, gerade bei Kindern, die vieles schneller lernen, mitunter auch Fehler. Daher lohnt es sich, Fehler (vor allem in nicht diskutierbaren Grundfertigkeiten wie richtigem Schreiben und Rechnen) sofort zu erkennen und den Kindern dabei zu helfen, diese nicht noch einmal zu machen. So verhindert man, dass gelernte Fehler wieder mühsam verlernt werden müssen.
- Auch *tutorielles Lernen* (Schüler mit Lernvorsprüngen kümmern sich um andere Kinder) hat für Kinder mit Lernproblemen Vorteile. Aber Achtung: Gerade Schüler mit Konzentrationsproblemen oder Aufmerksamkeitsstörungen brauchen eine ruhige, strukturierte Lernatmosphäre. Viele Erwachsene wären nicht in der Lage, sich in der Grundunruhe vieler heutiger Schulklassen zu konzentrieren.
- *Frontalunterricht* scheint bezüglich der Stoffvermittlung effektiver, *Gruppendiskussion* schult eher das Denkvermögen und fördert die Motivation, *offenere Lernformen* fördern wiederum die soziale Entwicklung.
- *Kleine Klassen* (ca. 15 Kinder) in Verbindung mit neueren pädagogischen Konzepten führen in den ersten vier Schuljahren zu besseren Leistungen in Lesen und Mathematik und zu weniger Disziplinschwierigkeiten. Lernen gelingt besser in einer nicht belastenden Atmosphäre.
- Die *Schulform* ist möglicherweise gar nicht so bedeutsam, wie in ideologisch gefärbten Kontroversen immer wieder angeführt. Es gibt unterschiedliche Erkenntnisse diesbezüglich. So schneiden leistungsschwache Schüler auf Gesamtschulen in standardisierten Leistungstests besser ab.

Das Selbstwertgefühl leistungsschwächerer Schüler ist auf Gesamtschulen hingegen schlechter. Andererseits gibt es die Erkenntnis, dass Schüler trotz gleicher fachlicher und sozialer Voraussetzungen in der 9. Klasse deutlich bessere Leistungen zeigen, wenn sie ein Gymnasium anstatt einer Real- oder Hauptschule besuchen.

- *Häusliche Unterstützung* und kontinuierliches Arbeiten an schulischen Inhalten auch außerhalb der Schule bringt Vorteile. So machen Kinder aus sozioökonomisch besser gestellten Elternhäusern selbst in den langen Sommerferien Lernfortschritte, Kinder aus Elternhäusern mit sozialen Problemen wissen nach den Sommerferien im Durchschnitt weniger als vorher. Nachhilfeförderung führt nach einer Dauer von sechs bis zwölf Monaten im Durchschnitt zu einer Verbesserung um eine Schulnote. Allerdings wird diese Förderung gerade von sozial belasteten Familien nur selten in Anspruch genommen.

- Beim Lernen verändern sich die Verbindungen zwischen den Nervenzellen in unserem Gehirn. Gut lernt man, wenn die *Lernatmosphäre* positiv ist und wenn man positive Erfahrungen macht. Immer dann, wenn das Ergebnis unseres Handelns unsere Erwartungen übersteigt, lernt man besonders gut. Das bedeutet, dass Kinder im Unterricht besonders gut lernen, wenn sie immer wieder das Gefühl erleben, erfolgreich gewesen zu sein. Damit ist nicht gemeint, erfolgreich gegenüber anderen gewesen zu sein, sondern erfolgreich bezogen auf die eigenen Erwartungen an sich selbst, beglückt durch den eigenen Lernfortschritt sein zu können. Chronischer Stress jedoch beeinträchtigt das Lernvermögen.

Natürlich gibt es noch viel mehr wichtige Erkenntnisse zum Lernen in der Schule, die hier nicht aufgeführt werden können. Es zeigt sich, dass es neben interessanten »neuen« pädagogischen Konzepten, die in den Schulalltag eingeführt werden (so »neu« sind die meisten Konzepte allerdings auch wieder nicht), aber durchaus auch »Altbewährtes« gibt, was nicht immer umgestoßen werden muss. Die Schulen und die dort tätigen Lehrerinnen und Lehrer bemühen sich nach Kräften, Schul- und Lernalltag zu optimieren. Es zeigt sich aber auch, dass Schule nicht alles leisten kann und Eltern gefragt sind, ihre Kinder und die Schule weiterhin beim Lernen zu unterstützen. Das gilt natürlich auch im besonderen Maße für das Lernen eines sozial verträglichen Verhaltens. Diesbezüglich ist Schule allein machtlos und kann Versäumnisse der ersten sechs Lebensjahre nicht wettmachen.

Viele Konflikte zwischen Eltern und Kindern entzünden sich im Grundschulalter an *Schulproblemen* und an den Hausaufgaben. Wenn sich Kinder mit schulischen Anforderungen schwertun, ist immer zu hinterfragen, ob eine Überforderung, seltener auch eine Unterforderung vorliegt. Das Gefühl, im schulischen Bereich immer überfordert zu sein, kann beim Kind Frust und auffälliges Verhalten auslösen. Als Ursachen kommen vonseiten des Kindes Lernschwäche, Wahrnehmungsstörungen, Rechenschwäche, Legasthenie, aber auch ein Aufmerksamkeitsproblem, wie zum Beispiel eine ADHS, und anderes infrage. Vonseiten der Mitschüler können Hänseleien, Beschimpfungen und Bedrohungen (Schülermobbing, s. Seite 172 f.) sowohl in der Schule als auch auf dem Schulweg eine Ursache für Schulprobleme sein. Aber auch ein getrübtes Verhältnis zu den Lehrerinnen und Lehrern kann das Kind in eine Verweigerungshaltung gegenüber der Schule bringen. Dabei ist jedoch zu beachten, dass das alltägliche Verhalten, welches das Kind in der Schule zeigt (zum Beispiel Unaufmerksamkeit, Unruhe, störendes Verhalten, Lustlosigkeit, Aggressivität), meist erst zum beeinträchtigten Verhältnis zu den Lehrerinnen und Lehrern führt. Daher ist es wichtig, bei Schulproblemen jeglicher Art als Eltern die geduldige Zusammenarbeit mit den Lehrpersonen zu suchen.

Auch wenn Sie mit den Lehrerinnen und Lehrern nicht gut klarkommen, ist es wichtig, mit diesen im Interesse Ihres Kindes weiter zusammenzuarbeiten. Abfällige Bemerkungen über Lehrpersonen sollten Sie im Beisein Ihres Kindes unterlassen, da dadurch die Entwicklung eines Vertrauensverhältnisses zwischen Kind und Lehrperson erschwert wird. Auch wenn Eltern ihre eigene Schulzeit als belastend in Erinnerung haben, so kann sich dieses problematische Verhältnis von Eltern zur Schule auf das Kind übertragen. Natürlich wäre es schön, wenn Eltern ihren Kindern die Botschaft vermitteln könnten:»Schule ist wichtig und oft ist Schule auch schön.« Wenn Ihnen dies nicht möglich ist, so suchen Sie am besten den offenen Kontakt zu den Lehrerinnen und Lehrern, um dieses Problem zu besprechen. Mit den meisten werden Sie darüber offen sprechen können.

Auch wenn die täglichen *Hausaufgaben* zum Kampf werden, sollte zusammen mit den Lehrerinnen und Lehrern, eventuell auch mit Kinderärztin und Kinderarzt nach den möglichen Ursachen geforscht werden. Erst danach kann mit den entsprechenden unterstützenden Maßnahmen (zum Beispiel fördernde Hilfen, Verhaltenstherapie, Konzentrationstraining, medikamentöse Behandlung etc.) begonnen werden. Im folgenden Beispiel wird gezeigt, was Eltern zu Hause versuchen können, um den Hausaufgabenkampf zu entschärfen.

Ein siebenjähriger Junge besucht die 1. Klasse einer Grundschule. Jeden Mittag begehrt er lautstark gegen die Hausaufgaben auf. Er flucht, schreit, wälzt sich auf dem Boden. Die Mutter spricht mit den Lehrern, denen noch nichts Besonderes aufgefallen ist. Auch eine psychologische Untersuchung beim Kinderarzt zeigt keine Auffälligkeiten. Die Mutter nimmt sich Folgendes vor: Vor den Hausaufgaben kann der Junge eine halbe Stunde spielen, um sich zu entspannen. Dann setzt sie sich mit dem Jungen zusammen und bespricht mit ihm, was er aufhat. Beide überlegen, was er zuerst machen soll. Sodann erklärt die Mutter dem Jungen, dass er jetzt fünf Minuten allein den ersten Rechenturm rechnen müsse:»Ich glaube, den kleinen Turm schaffst du in fünf Minuten. Komm, wir probieren das aus.« Sie stellt eine Eieruhr und der Junge legt los. Er ist motiviert, das ist mal was anderes. Nach fünf Minuten kommt die Mutter und sagt: »So, die Zeit ist um. Lass mich mal sehen, wie du das gemacht hast. Das ist ja toll, alle Aufgaben hast du geschafft. Die erste ist richtig, die zweite auch, prima, in der dritten hast du einen kleinen Fehler und die vierte Aufgabe ist wieder richtig. Super! Sieh mal, was ist mit der dritten Aufgabe, versuche es noch mal.« Der Junge ist glücklich wegen des Lobes, der kleine Fehler, der ihn früher zur Verzweiflung gebracht hätte, macht ihm nichts aus. Schnell rechnet er noch mal nach und erhält das richtige Ergebnis. Die Mutter lobt erneut:»Ich finde, das hast du sehr gut gerechnet. Komm, jetzt stelle ich die nächsten fünf Minuten ein, für das nächste Rechenpäckchen.« Somit werden die Hausaufgaben, die bisher immer wie ein unüberwindbarer Berg vor dem Jungen lagen, in kleine, überschaubare Zeiteinheiten unterteilt, die viel leichter zu bewältigen sind. Nach jeder Zeiteinheit kommt die Mutter, lobt, ermutigt und hilft, wenn nötig, noch einmal. So wird den Hausaufgaben etwas von ihrem Schrecken genommen.

Trotzdem könnte es sein, dass der Junge immer noch wenig Motivation verspürt, jeden Tag seine Hausaufgaben zu machen. Sehr hilfreich ist in solchen Fällen ein vom Lehrer gegengezeichnetes Hausaufgabenheft, sodass die Eltern auch genau wissen, welche Hausaufgaben die Kinder aufhaben. Manchmal kann es entlastend sein, wenn die Kinder nach der Schule noch an einer professionell beaufsichtigten Hausaufgabenbetreuung teilnehmen und die Hausaufgaben dort erledigen (dies wird heute von fast allen Schulen angeboten). Zu Hause sollten sich die Eltern aber trotzdem die gemachten

Aufgaben zeigen lassen und wenn nötig deren Vervollständigung einfordern.

Außerdem kann ein sogenannter *Punkteplan* hilfreich sein, die Motivation zu fördern. Beim Punkteplan wird zunächst gemeinsam mit dem Kind besprochen, was es leisten muss, um sich einen Punkt (Stempel, Sticker, Punktekärtchen etc.) zu verdienen. Das muss genau festgelegt werden, darüber darf man nicht verhandeln können, zum Beispiel:»Wenn du die Mathehausaufgaben in 15 Minuten schaffst, bekommst du einen Punkt.« Sodann bespricht man mit dem Kind, wie viele Punkte gesammelt werden müssen, um sie gegen eine Belohnung eintauschen zu können, zum Beispiel:»Wenn du fünf Punkte beisammen hast, kannst du diese gegen eine Belohnung eintauschen.« Diese Belohnungen sollten möglichst nichts kosten. Am besten ist eine Belohnung, in der man etwas mit dem Kind gemeinsam macht, über das sich das Kind auch wirklich freut (zum Beispiel eine zusätzliche Vorlesegeschichte, gemeinsam einen Film ansehen, gemeinsam ein besonderes Spiel spielen, gemeinsam eine Unternehmung machen usw.). Diese Belohnungen müssen mit dem Kind vor Beginn eines solchen Punktesystems verabredet werden. Jedes Mal, wenn ein Punkt fällig wird, sollte das Kind auch gelobt werden. Hat das Kind den Punkt nicht erreicht, so sollte auf Meckern und Schimpfen verzichtet werden. Der sachliche Umgang mit der Situation in Verbindung mit der Ermutigung für das nächste Mal (zum Beispiel:»Schade, heute hat das nicht geklappt. Aber morgen bestimmt!«) hat sich bewährt. Wenn das Kind das gemeinsam besprochene Ziel erreicht hat, führt man den Punkteplan noch zwei bis drei Wochen weiter, um ihn dann allmählich zu beenden. Das Loben für die jeweils erbrachte Leistung sollte aber fortgesetzt werden.

Punktepläne können natürlich auch für andere Situationen, in denen die Motivation des Kindes gefördert werden muss, eingesetzt werden, auch schon bei jüngeren Kindern ab etwa drei, vier Jahren. Durch diese elterlichen Hilfestellungen können Schulfrust vermindert und durch die Schule bedingte aggressive Verhaltensauffälligkeiten abgebaut oder vermieden werden.

Hausaufgaben führen oft jedoch auch zu Versuchen des Kindes, diese zu vermeiden. Lügen wie »Ich habe heute nichts auf« (obwohl Hausaufgaben aufgegeben wurden) oder »Ich habe die Aufgaben schon in der Schule gemacht« (obwohl das nicht stimmt) kennen viele Eltern. Manchmal machen Kinder auch die Erfahrung, dass das Nicht-Erledigen der Hausaufgaben von der Lehrerin nicht bemerkt oder nicht geahndet wird. Das führt dann mitunter zum Versuch, sich Tag für Tag um diese Pflicht zu drücken. In solchen Situationen ist es wichtig, frühzeitig Kontakt zu den Lehrern aufzunehmen und gemeinsam nach einer Lösung (gegengezeichnetes Hausaufgabenheft, Anruf bei der Lehrerin, Anruf bei Eltern von Schulkameraden usw.) zu suchen.

Eine effektive elterliche Haltung ist folgende: Keine Hausaufgaben auf? Das wird nicht akzeptiert. Dann geben eben die Eltern Aufgaben von ca. 30 Minuten Umfang auf (kleines Diktat, verschiedene Mathematikaufgaben, Text den Eltern laut vorlesen usw.). Dadurch lernen Kinder schnell, dass es keinen Sinn macht, Hausaufgaben zu leugnen. Denn regelmäßiges (tägliches) Üben des in der Schule Gelernten verbessert das Lernergebnis. Und je besser das Lernergebnis, desto besser das Selbstwertgefühl, desto geringer der Schulfrust und desto geringer das Risiko einer Störung im Sozialverhalten.

Manchmal lügen Kinder jedoch nicht aus »Not«, um sich als unangenehm erlebte Folgen vermeintlich »vom Hals halten« zu können, sondern aus Not, um mehr Beachtung durch Gleichaltrige oder Eltern zu erhalten.

Ein achtjähriger Junge erzählt in der Nachmittagsbetreuung nach der Schule immer wieder erstaunliche Geschichten: Sein

Vater würde sich immer wieder neue, teure Autos kaufen, er würde mit der Oma in den Ferien nach Amerika fliegen, er hätte einen Jungen aus einer höheren Klasse verprügelt usw. Alles Geschichten, die nicht wahr sind. Der Junge erhält jedoch von seinen Mitschülern immer wieder staunende und bewundernde Reaktionen. Das gefällt ihm und so erfindet er weiter seine Geschichten. Aber wie es nun mal so ist: Lügen haben kurze Beine. Der angeblich verprügelte Junge sagt den anderen, dass dies gar nicht stimmt. Die Oma, die ihn ab und zu vom Hort abholt, rückt die Geschichte mit Amerika gerade, als ein anderes Mädchen sie darauf anspricht. Trotzdem hört der Junge nicht auf, seine »Geschichten« zu erzählen, denn im ersten Moment erntet er meistens doch ein bewunderndes Staunen der anderen, was für ihn einfach ein schönes Gefühl ist. Freunde bekommt er aber dadurch nicht und das ist das, was ihm eigentlich fehlt.

Ständiges Lügen ist auch als eine Form gestörten Sozialverhaltens anzusehen. In diesem Beispiel lechzte der betroffene Junge nach Beachtung. Diese brauchte er in besonderem Maße, weil er keinen wirklichen Freund hatte, weil aber auch seine Eltern wenig Zeit für ihn hatten (sie arbeiteten viel und waren ständig gestresst). Die Oma kümmerte sich zwar um ihn, schaffte es aber auch nicht jeden Tag, ihn zu betreuen. Die Hortmitarbeiterinnen kamen schnell zu der Erkenntnis, dass der Junge mehr positive Beachtung durch andere Menschen brauchte. Im Stuhlkreis mit den anderen Kindern wurde das Problem besprochen. Alle suchten nach Hilfen für den Jungen und manchen tat er auch leid. Ein anderer Junge kam auf diesem Weg dazu, öfter mit dem betroffenen Jungen zu spielen, mit der Zeit freundeten sich die beiden an. Auch die Eltern lernten im Gespräch mit den Hortmitarbeiterinnen, dass es gut wäre, sich jeden Tag etwas Zeit für den Jungen zu nehmen. In einem Elternkurs (s. Kapitel 7) lernten sie etwas über kindliche Bedürfnisse und darüber, was sie tun können, damit es ihnen selbst besser geht. Die Lügengeschichten wurden allmählich weniger.

Die Teilnahme an Elterntrainings zeugt nicht von elterlicher Schwäche, sondern im Gegenteil von der Stärke, erkannt zu haben, dass es sinnvoll ist, diese Zeit und Kraft in die Verbesserung der Beziehung zu seinen Kindern zu investieren. Gerade Elterntrainings, in denen konkrete Handlungsmöglichkeiten mit den Eltern zusammen entwickelt werden, in denen die hilfreichen Ideen aller Gruppenteilnehmerinnen und -teilnehmer genutzt werden und in denen Gelegenheit gegeben wird, zum Beispiel in Rollenspielen Erarbeitetes zu üben, sind sehr effektiv (vgl.: Penthin u.a. 2005a, Penthin u.a. 2005b, Penthin 2007, Sanders 1999).

Vor allem Kinder mit auffälligem Sozialverhalten oder einer Aufmerksamkeitsstörung mit Hyperaktivität neigen mitunter zu Störungen im Unterricht. Sie können schlecht still sitzen, machen das, was ihnen gerade durch den Kopf schießt, ohne darüber nachzudenken, ob das in diesem Moment sinnvoll ist oder nicht. Sie provozieren gerne absichtlich, da sie mitunter schon oft im Elternhaus und im Kindergarten die Erfahrung gemacht haben, dadurch Beachtung zu erlangen. Diese Verhaltensweisen stören die anderen Kinder beim Lernen und sind gewissermaßen eine Missachtung der Bedürfnisse der Mitschülerinnen und Mitschüler sowie der Lehrpersonen.

Wenn sich ein solches Verhalten nicht wenige Wochen nach der Einschulung gelegt hat, ist Handeln angesagt. Dann müssen wir Eltern zusammen mit den Lehrpersonen, aber auch eventuell mithilfe des Kinderarztes oder der Erziehungsberatung nach Lösungsmöglichkeiten suchen. Wir Eltern können natürlich nicht direkt das Verhalten unserer Kinder im Unterricht beeinflussen, denn wir sind ja normalerweise dort nicht anwesend. Wir können aber sehr wohl durch einen liebevollen, klaren, Grenzen setzenden Umgang mit unseren Kindern, so wie er in diesem Buch immer wieder beschrieben ist, dazu beitragen, dass sich die Situation bessert. Außerdem ist es wichtig, *mit den Lehrern an einem Strang zu ziehen* und den Kindern Achtung gegenüber den Lehrpersonen zu vermitteln. Von Lehrern wird erwartet, klare Lerninhalte zu vermitteln, jedes Kind individuell zu unterstützen und beim Lernen zu begleiten, aber auch für eine ruhige Lernatmosphäre zu sorgen, Kinder mit Verhaltensauffälligkeiten zu disziplinieren und bei alldem immer freundlich ein offenes Ohr für die kleinen Schützlinge zu haben. Viele Lehrerinnen und Lehrer versuchen diesen Erwartungen nach bestem Wissen und Gewissen gerecht zu werden, aber das ist wahrlich nicht immer leicht. Sie sind zudem oft Zielscheibe von Elternkritik und Kritik aus der Öffentlichkeit, vor allem wenn es nicht so läuft, wie man das gerne hätte. Man sollte sich jedoch immer wieder vor Augen führen, dass viele Forderungen (wie zum Beispiel das Durchsetzen einer ruhigen, gedeihlichen Lernatmosphäre bei Kindern, die vor der Schule nicht wirklich gelernt haben, sich an Regeln zu halten und andere zu respektieren) mitunter nicht erfüllbar sind. Die Kritiker sollten sich immer fragen, ob sie es besser machen könnten.

Ein siebenjähriger Junge ist nun schon ein halbes Jahr in der Schule. Er ist durchschnittlich intelligent, kann sich aber nur schwer konzentrieren. Viele Dinge lenken ihn im Unterricht ab und er verliert ständig den Faden, redet dazwischen, springt auf, stört die anderen Kinder bei der Arbeit. So ist es nicht verwunderlich, dass er sich schwertut, die ersten Grundlagen des Schreibens, Lesens und Rechnens zu erlernen. Schon nach drei Monaten bittet die Lehrerin die Eltern zu einem Gespräch, das die Eltern jedoch nicht wahrnehmen. Nach weiteren Telefonaten lassen sich die Eltern zu einem Gespräch mit der Lehrerin bewegen. In diesem Gespräch beschreibt die Lehrerin die Pro-

bleme des Jungen und bittet um elterliche Mitarbeit, diese Probleme zu lösen. Die Eltern reagieren ungehalten, machen der Lehrerin Vorwürfe, warum sie das mit ihrem Sohn nicht allein hinbekäme. Die Lehrerin muss das Gespräch beenden, gibt den Eltern jedoch ein paar Tipps mit auf den Weg, wie sie ihren Sohn zu Hause unterstützen können und empfiehlt die Vorstellung bei einem Kinderarzt, der Erfahrung mit verhaltensauffälligen Kindern hat.

Diesen Eltern fiel es schwer anzuerkennen, dass ihr Kind ein Problem hat. Vielleicht sahen sie diese Problematik nicht, der Vater behauptete immer, er sei genauso gewesen, das sei »normal«. Nun ist es vielleicht verständlich, dass der Vater dies so sieht, da er sich als ähnlich erlebt. Trotzdem hat sein Sohn ein Problem, das dazu führt, dass er mit anderen Menschen Schwierigkeiten hat und beim Lernen trotz durchschnittlicher Intelligenz massiv beeinträchtigt ist. Das bewirkt, dass dieses Kind immer wieder Frustrationserlebnisse hat. Und Frust macht aggressiv. Durch häufige Telefonate gelang es der Lehrerin wenigstens bei der Mutter, eine gewisse Einsicht in die Problematik zu erreichen. Die Mutter bemühte sich, den Jungen bei den Hausaufgaben zu unterstützen, und besuchte ein Elterntraining.

Die kinderärztliche und psychologische Untersuchung zeigte, dass der Junge eine ADHS hatte. Diese Erkrankung ist oft erblich (der Vater hat offensichtlich ähnliche Probleme) und erfordert umfassende Behandlungsmaßnahmen: pädagogisches Elterntraining, Lehrerinformation, Konzentrationstraining für den Jungen und eine medikamentöse Therapie, damit die pädagogischen Bemühungen vom Kind überhaupt erst aufgenommen werden können. Gerade mit dem letztgenannten Therapiebaustein, der Medikation, taten sich die Eltern sehr schwer, da sie schon vieles darüber gehört hatten, was ihnen Angst machte. Trotzdem konnten sie sich nach gründlicher Information durch den Kinderarzt auf einen solchen Behandlungsversuch einlassen und waren selbst positiv überrascht, dass ihr Sohn nun viel zugänglicher war. Sie selbst schimpften viel weniger (das lernten sie auch im Elterntraining) und der Junge konnte viel besser lernen. Zudem störte er weniger im Unterricht, die anderen Kinder wollten plötzlich wieder mit ihm spielen und die Lehrerin konnte ihn jetzt viel besser dabei unterstützen, dass er lernt, sein Verhalten selbst zu steuern. Sie informierte sich über das Krankheitsbild und verabredete mit dem Jungen ein tägliches kurzes Gespräch unter vier Augen. In diesem Gespräch legten beide miteinander fest, was sich der Junge am jeweiligen Schultag vornehmen sollte, zum Beispiel still zu sitzen, nicht dazwischenzurufen, freundlich zu anderen Kindern zu sein usw. Sie verabredeten eine Zeichensprache, die nur der Junge und die Lehrerin kannten, mit der die Lehrerin den Jungen im Unterricht an seine Vorsätze erinnern konnte, ohne zu ermahnen oder gar zu schimpfen. Und sie verabredeten, dass die Lehrerin dem Jungen immer wieder durch ein Anlächeln oder eine aufmunternde Geste zeigt, wenn er es gerade schafft, seine Vorsätze gut einzuhalten.

Somit gelang es mit vereinten Kräften (Mutter, Sohn, Lehrerin, Kinderarzt), die Entwicklung des Jungen positiv zu beeinflussen. Er konnte jetzt viel besser lernen, gewann Freunde, kam mit seinen Eltern besser zurecht und konnte schließlich auf die Realschule wechseln. Die Erfolge überzeugten den Vater relativ schnell, dass dieses Vorgehen gut für seinen Sohn war, und auch er konnte nun viel besser mit an diesem gemeinsamen Strang ziehen.

Hat Ihr Kind Schaden angerichtet (etwas zerstört oder etwas gestohlen), Ärger verursacht oder einem anderen Menschen Angst oder Schmerz zugefügt, so darf das nicht als »Kavaliersdelikt« verharmlost werden. Ebenso sollten Sie Ihr Kind – egal in welchem Alter – aber auch nicht mit vorwurfsvollen Warum-Fragen in die Ecke drängen, zum Beispiel: »Warum hast du das kaputt gemacht?« Diese Fragen kann Ihr Kind oft gar nicht beantworten. Versuchen Sie in einer solchen Situation lieber zu klären, wie eine problematische Situation abgelaufen ist. Sie könnten beispielsweise fragen: »Erzähle mir doch einmal, was da passiert ist.« Besprechen Sie außerdem, wie ein Schaden wiedergutgemacht werden kann. Hat Ihr Kind mutwillig etwas zerstört, so sollte Ihr Kind als *logische Konsequenz* den Schaden mit seinem Geld oder seiner Arbeitskraft beheben.

Solche klärenden Gespräche sollten Sie in sachlichem Tonfall führen, ohne dass in Ihrer Stimme ständig eine »genervte Vorwurfshaltung« mitklingt. Sonst könnte sich Ihr Kind grundsätzlich abgelehnt fühlen. Sie müssen in diesen Gesprächen Ihrem Kind jedoch klar und eindeutig sagen, dass Sie sein Verhalten nicht billigen! Versuchen Sie aber auch zu verstehen, warum Ihr Kind solche aggressiven Handlungen unternahm. Vielleicht braucht Ihr Kind mehr Beachtung in positiven Momenten, mehr Erfolgserlebnisse, mehr Lob und Anerkennung, mehr Aufsicht und Anleitung oder ein anderes Vorbild (eventuell hat es Umgang mit einer problematischen Gleichaltrigengruppe oder ist Ihr elterliches Verhalten nicht optimal).

Zwei elfjährige Jungen streunen nachmittags durch ihr Wohnviertel. Sie haben die Idee, Zigaretten im nächsten Supermarkt zu klauen. Einer lenkt die Verkäuferin an der Kasse ab, während der andere schnell zwei Schachteln Zigaretten in seiner Jackentasche verschwinden lässt. Eine ältere Dame, die an der Kasse steht, sieht dies und ruft dem Jungen zu, er solle die Zigaretten liegen lassen. Der Junge erschrickt, schubst die ältere Dame zur Seite, um mit seiner Beute fliehen zu können. Die Dame stolpert und stürzt so unglücklich, dass Sie sich einen Unterarmbruch zuzieht. Die Verkäuferin alarmiert sofort die Poli-

zei und den Krankenwagen. Die ältere Dame wird zur weiteren Versorgung ins Krankenhaus transportiert. Die Polizeibeamten nehmen die Anzeige der Verkäuferin auf.

Schon eine halbe Stunde später fallen den Beamten die beiden an einer Bushaltestelle auf. Die Polizisten sprechen die Jungen an, welche zunächst leugnen. Einer »verplappert« sich jedoch, sodass die Beamten die beschuldigten Jungen mitnehmen und im Supermarkt der Verkäuferin gegenüberstellen. Diese erkennt den Haupttäter. Der Junge gibt zu, die Zigaretten gestohlen und die alte Dame umgerissen zu haben. Der Supermarkt hält die Anzeige aufrecht und die Polizisten bringen den Jungen, der keine Reue zeigt, sondern sich eher aufsässig verhält, nach Hause. Die berufstätige Mutter des Jungen ist gerade nach Hause gekommen und kann ihren Sohn von den Polizisten in Empfang nehmen.

Die Polizisten konfrontieren die alleinerziehende Mutter mit dem Sachverhalt und bieten ihr ein Gespräch an, das diese auch annimmt. Es wird das Amt für Soziale Dienste (Jugendamt) eingeschaltet, das sich schon am nächsten Tag der Familie annimmt. Die Sozialpädagogin führt mehrere Gespräche mit Mutter und Sohn. In diesen Gesprächen erfährt der Junge, dass seine Handlungen Konsequenzen haben. Er wird zur Wiedergutmachung verpflichtet. Die gestohlenen Zigaretten muss er dem Supermarkt mit seinem Taschengeld ersetzen. Es wird vereinbart, dass der Junge wöchentlich fünf Euro Taschengeld erhält. Dafür muss er sich jedoch an kleinen Aufgaben des gemeinsamen Haushalts beteiligen. Diese werden zwischen Mutter und Sohn im Sinne des Familienrates abgesprochen. Dadurch lernt der Junge ein realistischeres Verhältnis zu Geld zu entwickeln. Zusätzlich wird er verpflichtet, im bestohlenen Supermarkt mehrere Nachmittage zu helfen. Außerdem kann der Junge in einigen Gesprächen mit seiner Mutter und der Sozialpädagogin ein gewisses Einfühlungsvermögen in die verletzte alte Dame entwickeln. Er entschuldigt sich bei ihr und wird ver-

pflichtet, bis zur vollständigen Heilung des Armbruches der alten Dame zweimal pro Woche den Einkauf zu besorgen und zusätzliche kleine Hilfestellungen zu leisten. Auch diese Auflage wird von Jugendamt und Polizei kontrolliert.

Zusätzlich wird in Zusammenarbeit mit der Mutter vom Amt für soziale Dienste eine Unterbringung für den Nachmittag in einer nahe gelegenen Horteinrichtung organisiert. Der Junge kann dort unter Anleitung seine Hausaufgaben machen. Er kann zusammen mit den anderen Kindern und der Erzieherin sowie dem Erzieher jeden Tag das Mittagessen selbst zubereiten und gemeinsam die Mahlzeit einnehmen. Für den weiteren Nachmittag werden zum Teil betreute, zum Teil von den Kindern selbstständig durchführbare Freizeitaktivitäten angeboten (Sport, Werken, Malen, Musik-AG mit Band, Tischtennis, Lesen, soziale Hilfsdienste für ältere Mitmenschen usw.). Die Mutter des Jungen lernt in vielen Gesprächen mit der Sozialpädagogin, dass ihr Sohn das Gefühl braucht, gerngehabt zu werden. Sie lernt, dass er jeden Tag das Gespräch im Arm der Mutter braucht.

Es ist wichtig, schädigendes oder gar gewalttätiges Verhalten von Kindern konsequent zu verfolgen. Die Polizei sollte so rasch wie möglich den Täter aufgreifen und ihn mit dem Problemverhalten konfrontieren. Dadurch merkt der Täter, dass sein Verhalten unmittelbare Konsequenzen hat, der kurze zeitliche Zusammenhang zwischen Tat und Reaktion der Gesellschaft wird für ihn so klar spürbar. Die Konsequenzen sollten in inhaltlichem Zusammenhang zur Tat stehen, das heißt, die Sanktion besteht in der Einforderung von Wiedergutmachung (*Täter-Opfer-Ausgleich*). Der Schaden und die Mühe, diesen Schaden zu beheben, muss für das Kind spürbar werden. Der Umgang mit dem Kind sollte klar strukturiert sein und eine »wohlwollende Strenge« ausstrahlen. Das Kind muss sich dabei fair behandelt fühlen können.

Um kurze Zeiten zwischen Straftat und Sanktion zu gewährleisten, sollte auch in diesem Alter bei »kleineren« Delikten und einer eindeutigen Überführung des Täters eine unmittelbare Handlungsmöglichkeit der Polizei ohne Zwischenschaltung gerichtlicher Bearbeitung etabliert werden, gekoppelt mit einer *sofortigen* sozialpädagogischen Betreuung der Familie durch das Amt für Soziale Dienste (Jugendamt). Alle Kinder, bei denen die Entwicklung dauerhafter Verhaltensprobleme droht, sollten die Möglichkeit haben, in der Freizeit sozialpädagogisch betreut zu werden, um andere Vorbilder erleben und wichtige, dauerhaft verlässliche Beziehungen zu wohlwollenden Erwachsenen auch außerhalb des Elternhauses aufbauen zu können. (Die hier beschriebenen sofortigen Betreuungsmöglichkeiten sind in der Realität leider oft nicht gewährleistet. Hier besteht erheblicher Handlungsbedarf.)

Eltern müssen *täglich neu* erfahren, wie es ihrem Kind geht, ob sich ihr Kind wohlfühlt oder ob es eine gedrückte Stimmung hat. Sie müssen wissen, ob ihr Kind vielleicht sogar Opfer von Gewalt in Schule oder Freizeit wird, ob es von anderen Kindern oder Jugendlichen bedroht, erpresst oder gequält wird.

Ein achtjähriger Junge ist in seiner Klasse der Kleinste. Die anderen Mitschüler hänseln ihn, schubsen ihn herum und sperren ihn mehrfach in ein gegrabenes Erdloch. Sie bedrohen ihn massiv. Falls er diese Misshandlungen preisgäbe, würden sie ihm noch schlimmere Dinge antun. Die gedrückte Stimmung und die zunehmende Ängstlichkeit des Jungen fallen seiner Mutter rasch auf, aber auf ihr Nachfragen schweigt er nur. Jeden Morgen klagt er über Bauchschmerzen, manchmal muss er sogar erbrechen, die körperlichen Untersuchungen beim Kinderarzt sind unauffällig. Eines Tages hat er jedoch solche Angst, dass er nicht weiter schweigen kann. Er erzählt seiner Mutter von seinem Leid, das ihm von einigen Mitschülern angetan wird. Die Eltern werden aktiv.

Die Lehrer werden informiert, es wird dieses Thema in der Klasse besprochen und den Tätern klar gesagt, dass dieses Schülermobbing nicht hingenommen wird. Gespräche mit Tätern und deren Eltern und auch mit Täter- und Opfereltern gemeinsam im Beisein der Lehrer erfolgen. Der kleine Junge wird von seinen Eltern und den Lehrern ermutigt, zukünftig eventuellen Peinigern mit einem klaren, lauten »Nein! Du lässt mich in Ruhe!« eine Grenze zu setzen und mit ausgestreckten Armen den Angreifer entschlossen zur Seite zu drängen (ohne selbst gewalttätig übergriffig zu werden), um sich dann umgehend dem nächsten Lehrer anzuvertrauen.

Tätern muss im Rahmen schulischer *Anti-Gewalt-Programme* klargemacht werden, dass Gewalt nicht akzeptiert wird und die Opfer geschützt werden. Solche Programme arbeiten teilweise auch mit »Streitschlichtern«, speziell geschulten Schülerinnen und Schülern, die das Recht, die Pflicht und die Befähigung haben, schlichtend in Schülerstreitigkeiten einzugreifen. Lehrer müssen Beschwerden von Kindern ernst nehmen, denn es ist wichtig, harmlose Rangeleien, mit denen alle Beteiligten einverstanden sind (»Spaßkloppe«), von bedenklicher Schülergewalt zu unterscheiden. Die Opfer müssen ermutigt werden, sich mit Worten und auch körperlich zur Wehr zu setzen, ohne selber gewalttätig auf den Angreifer einzuschlagen.

Das Erlernen einer Kampfsportart, die Körpergefühl und Selbstvertrauen vermittelt, aber auch Disziplin und Fairness verlangt (zum Beispiel Judo), kann sehr hilfreich sein. Die Kinder müssen aber auch ermutigt werden, sich Hilfe durch Erwachsene zu holen. Das hat nichts mit »Petzen« harmloser Vergehen zu tun, sondern ist ein grundlegendes Recht eines jeden Bedrohten. Die Opfer müssen die Gewissheit haben, jederzeit Unterstützung durch die Lehrpersonen und die Eltern zu erhalten. Das oben genannte Beispiel zeigt, wie wichtig Offenheit und

Vertrauen zwischen Kindern und Eltern ist. Durch klares Eingreifen konnte das Opfer vor weiterer Qual bewahrt werden. Kinder, die gemobbt werden, schaffen es meistens nicht, aus eigener Kraft die Situation zu verändern. Sie brauchen Hilfe. Daher müssen die Lehrer in jeder Schule an einem Strang ziehen und idealerweise ein gemeinsames *Anti-Mobbing-Konzept* entwickeln. Kein Kind darf von Lehrern/Lehrbeauftragten abfällig behandelt werden, auch wenn das betroffene Kind vielleicht ein »merkwürdiger Typ« ist. Denn dadurch werden andere Kinder ermutigt, das betroffene Kind als »Opfer« auszuwählen.

Opfertypen sind häufig körperlich schwächer, ängstlich und zurückgezogen. Sie sind meist etwas ungeschickt, vermeiden Blickkontakt und sprechen leise. Täterkinder ergötzen sich oft an dem Machtgefühl, dem Opfer überlegen zu sein, es in der Hand zu haben. Manche Opferkinder schlagen sich mitunter auch als Mitläufer auf die Täterseite, um wiederum andere Kinder zu quälen und sich dadurch Verschonung zu »erkaufen« und selbst an Machtgefühlen zu ergötzen. Lehrer dürfen nicht wegsehen, denn dadurch fühlen sich die Täter ermutigt.

Die Folgen für die Opfer sind gravierend: körperliche, psychosomatische Beschwerden, Ängste, Lernstörungen, Schulverweigerung, in besonders schlimmen Fällen sogar Selbstmordversuche und Amokläufe. Selbst im Erwachsenenalter leiden viele Betroffene noch unter chronischen psychischen Problemen. Aber auch Täterkinder haben mannigfaltige Probleme: Oft stammen sie aus gewalttätigen und/ oder vernachlässigenden Elternhäusern und tragen das Risiko einer schwerwiegenden kriminellen Entwicklung in sich. Insofern müssen Schulen handeln:

Täter müssen im Gespräch mit ihrem Tun kritisch konfrontiert werden. Das kann im Einzelgespräch, im Gruppengespräch, aber auch im gemeinsamen Gespräch mit den Eltern geschehen. In solchen Gesprächen sollte sachlich vorgegangen werden. Versuche des Täters, die Tat zu verharmlosen oder dem Opfer die Schuld zuzuweisen, dürfen nicht akzeptiert werden. Es sollte versucht werden, Einfühlungsvermögen in die Opfer bei den Tätern zu entwickeln und sie zur Wiedergutmachung zu verpflichten (aufrichtige Entschuldigung mit Handschlag und Blickkontakt, Schutzfunktionen für das Opferkind übernehmen, gemeinsam miteinander spielen, dem Opfer etwas schenken usw.). Idealerweise sollten die Täter dazu ermutigt werden, selber Lösungen zu finden, wie sie das Mobbing beenden können und wie die Wiedergutmachung aussehen könnte. Die Schule muss die getroffenen Vereinbarungen kontrollieren.

Gegebenenfalls müssen schärfere Sanktionen ausgesprochen werden: Übernahme von Sozialstunden (dem Hausmeister helfen, Übernahme von Reinigungsarbeiten auf dem Schulhof, Ausschluss vom Unterricht mit Anfertigung von Spezialaufgaben in beaufsichtigten »Auszeiträumen«, Schulverweis usw.). Zudem muss mitunter eine pädagogische Unterstützung der Tätereltern und eine kinder- und jugendpsychiatrische Diagnostik und Behandlung des Täters eingeleitet werden. Bei schwerwiegendem Mobbing und/oder bei mangelnder Mitarbeit der Tätereltern muss die Polizei und das Jugendamt eingeschaltet werden.

Zusammenfassende Hinweise

- In der Schulzeit wird Ihr Kind wieder ein Stück selbstständiger. Daher müssen Sie als Eltern lernen, *Ihr Kind etwas mehr loszulassen*. Überdenken Sie bisherige Regeln und Einschränkungen.

- Probleme in der Familie können oft gut im *Familienrat* bewältigt werden, vorausgesetzt, alle Beteiligten sind an einer Lösung interessiert. Nehmen Sie kritische Einwände Ihrer Kinder ernst, auch wenn sich diese Kritik gegen Sie als Eltern richtet.

- *Nehmen Sie Kritik* an Ihrem Kind, die von Erzieherinnen und Erziehern oder von Lehrerinnen und Lehrern geäußert wird, *ernst.* Verharmlosen Sie problematisches Verhalten Ihres Kindes nicht. Machen Sie diese Probleme zum Thema im Familienrat. Falls nötig, arbeiten Sie mit Kindergarten und Schule, Polizei und Amt für Soziale Dienste (Jugendamt) zusammen.

- Achten Sie auf Zeichen einer *gestörten Aufmerksamkeits- und Wahrnehmungsentwicklung* Ihres Kindes (s. Kapitel 3) in der Kindergarten- und Grundschulzeit. Derartige Zeichen können sein: Unruhe, Hyperaktivität, Konzentrationsschwierigkeiten, motorische Unsicherheit, Ängstlichkeit, fehlendes feinmotorisches Interesse (Malen, Basteln etc.), Rechts-Links-Unsicherheiten, Legasthenie, Rechenschwäche. Diese Zeichen müssen Sie frühzeitig ernst nehmen. Auch hier ist eine gute Zusammenarbeit mit Kindergarten, Schule und Kinderärztin oder Kinderarzt wichtig, damit rechtzeitig Hilfen für Ihr Kind eingeleitet werden können (zum Beispiel Heilpädagogik, Ergotherapie, psychomotorische Therapie, Logopädie, eventuell medikamentöse Maßnahmen). Dadurch können Erlebnisse des ständigen Versagens und die daraus resultierende Dauerfrustration vermindert werden.

- Natürlich müssen Kinder lernen, *Frustrationen* auch ohne aggressives Verhalten zu *verarbeiten.* Dabei können Sie Ihren Kindern als Eltern helfen, indem Sie ihnen täglich ein verständnisvolles Gespräch im liebevoll haltenden elterlichen Arm anbieten (*»schöne gemeinsame Zeit«*). Selbstvertrauen und ein gutes Selbstwertgefühl sind ihrerseits wichtige Schutzfaktoren, mit Frustrationen besser umgehen zu können.

Beides sollte jedoch mit Einfühlungsvermögen in andere und der Fähigkeit, das eigene Handeln kritisch zu hinterfragen, gekoppelt sein.

Ein gutes Selbstwertgefühl entwickeln Kinder nicht dadurch, dass sie alles dürfen, sondern dadurch, dass sie spüren, geliebt zu sein (zum Beispiel durch Kuscheln, gemeinsame Gespräche und Aktivitäten, Lob, Ermutigung und das Aufzeigen und Einfordern von Grenzen). Weiterhin dadurch, dass man sich Zeit für sie nimmt, dass sie erfolgreich sein können in der Schule und in Hobbys, dass sie Freunde haben, weil sie sich in andere einfühlen können. Bei dieser Entwicklung können Sie Ihr Kind von Geburt an unterstützen und begleiten, so wie es in diesem Buch beschrieben ist.

- *Thema Bildschirme:* Übermäßige Beschäftigung mit Fernsehen, PC, Spielekonsolen etc. können die Entwicklung auch in diesem Alter beeinträchtigen! Empfehlung: Höchstens 60 Minuten pro Tag Bildschirmzeiten (alle Medien zusammen). Achten Sie verstärkt auf die Inhalte, mit denen sich Ihre Kinder vor Bildschirmen beschäftigen: hektische Zeichentrickfilme, Gewaltdarstellungen – auch Wrestling und Ballerspiele sind Gift für die Köpfe unserer Kinder. TV, Spielekonsolen und PC haben im Kinderzimmer nichts zu suchen! Alternativen zu Bildschirmbeschäftigungen finden Sie im Anhang.

- *Tagesstruktur:* Gemeinsame Mahlzeiten zu festgelegten Tageszeiten, Abendgestaltung ohne Bildschirmbeschäftigungen vor dem Einschlafen, rechtzeitiges Zubettgehen, damit ausreichend Nachtschlaf (acht bis zehn Stunden) stattfinden kann, führen dazu, dass Kinder auch in diesem Alter ausgeglichener, leistungsfähiger und emotional stabiler sind.

Die Pubertät

Die Pubertät ist eine Lebensphase, in der körperliche und seelische Entwicklungsprozesse ablaufen, in denen der Mensch
die Kindheit verlässt und sich zum Erwachsensein hinbewegt.
Auf der körperlichen Ebene findet ein hormonell gesteuerter
Reifungsprozess statt, in dem im Laufe eines Wachstumspro-
zesses auch ein Wandel der äußeren Gestalt durchgemacht
wird mit der Entwicklung der körperlichen Geschlechtsmerk-
male und Geschlechtsfunktionen.

Zusätzlich findet in der Pubertät auch ein *Veränderungs-
prozess auf der Gefühlsebene* statt. Die Gefühlslage der Jugendlichen schwankt oft erheblich und wirkt für den Außenstehenden oft unberechenbar und schwer verständlich. Einerseits
entwickelt sich die gedankliche Auseinandersetzung mit der
Welt weiter, bisherige Ordnungen und Werte werden infrage
gestellt. Andererseits kann das Nachdenken über das eigene
Handeln eingeschränkt sein – mit der Folge eines ungewohnten Imponiergehabes und einer gesteigerten Risikobe-
reitschaft. Das Bedürfnis nach Loslösung von den eigenen
Eltern setzt ein, gleichzeitig steigt das Bedürfnis, sich außerfa-
miliären Kontakten zuzuwenden. Die Gleichaltrigengruppe
gewinnt erheblich an Bedeutung, die Jugendlichen wollen Teil
ihrer Clique sein und den anderen gefallen. Nicht selten entwickeln Jugendliche unter dem Druck der Gleichaltrigengruppe Verhaltensweisen, die gefährlich und problematisch
sein können.

Somit sind vielfältige Konflikte mit den Eltern vorprogrammiert, da *die Ablösung von den Eltern* oft über den Weg
der Ablehnung und des Infragestellens des bisher Erlebten,
der elterlichen Werte und Haltungen mittels einer aggressiven

Auseinandersetzung erfolgt. Am Ende dieser Entwicklung sollten die Jugendlichen in der Lage sein, ihr Leben eigenverantwortlich in die Hand zu nehmen. Und die Eltern sollten fähig sein, Vertrauen und etwas Distanz entwickelt zu haben, sodass sie ihr Kind guten Gewissens ziehen lassen können und trotzdem noch eine warme Verbundenheit mit diesem verspüren. Das Kind sollte als junger Erwachsener das Gefühl haben können, bei seinen Eltern jederzeit ein willkommener, gern gesehener Gast zu sein.

Die Lebensphase der Pubertät ist auch für Eltern, die bisher glaubten, eine gute Beziehung zu ihrem Kind zu haben, nicht einfach. Ist die Eltern-Kind-Beziehung schon vor dem Eintritt in die Pubertät belastet, so besteht die Gefahr, dass Eltern und Kinder in dieser Zeit die Beziehung zueinander verlieren. In Extremfällen können Jugendliche in solchen Situationen in kriminelle, sie selbst und andere gefährdende Milieus geraten. Die Pubertät ist somit eine Lebensphase, die immer wieder die Gefahr von Beziehungsabbruch und Entfremdung zwischen Eltern und ihren Kindern in sich birgt.

Alle bedeutsamen Veränderungen während der Pubertät gehen vom *Gehirn* aus. Im sogenannten Hypothalamus bilden bestimmte Nervenzellen Eiweiß-Botenstoffe, die ihrerseits andere Gehirnzellen anregen, bestimmte Hormonstoffe zu bilden. Diese Hormonstoffe wiederum stimulieren die Hirnanhangdrüse zur Bildung von weiteren Hormonstoffen, die ihrerseits wiederum die Geschlechtsdrüsen (Eierstöcke und Hoden) dazu anregen, die eigentlichen weiblichen und männlichen Sexualhormone zu bilden. Diese Sexualhormone beeinflussen dann die verschiedensten Körpergewebe: Die Geschlechtsorgane wachsen und reifen, der Geschlechtstrieb wird intensiver, der Behaarungstyp ändert sich, es kommt zu einem Körperwachstumsschub, Muskulatur und Fettgewebe verändern sich und die Nervenzellen im Gehirn werden dadurch auch wiederum beeinflusst. Der Wachstumsschub hat bei Mädchen im Durchschnitt seinen Höhepunkt mit zwölf, bei Jungen mit 14 Jahren. Die Schambehaarung entwickelt sich bei Mädchen zwischen zehn und 14, bei Jungen zwischen zwölf und 15 Jahren. Die Brustentwicklung beginnt bei Mädchen zwischen neun und 14 Jahren, das Wachstum von Hoden und Penis findet im Wesentlichen zwischen elf und 15 Jahren statt. Die erste Monatsblutung stellt sich im Durchschnitt mit 13 Jahren ein, der erste Samenerguss ebenfalls.

Aber nicht nur die hormonellen Einflüsse führen zu den Veränderungen des Fühlens, Denkens und Verhaltens in der Pubertät. Das Gehirn macht die verschiedensten Reifungs- und Umbauprozesse durch: Die Anzahl der Nervenverbindungen wird zunächst mehr, im weiteren Verlauf werden nicht benutzte Verbindungen aber wieder abgebaut. Daran wird ersichtlich, wie tragisch es ist, wenn Kinder und Jugendliche ihre Potenziale in diesem Alter nicht nutzen und nur vor Bildschirmen herumsitzen: Dadurch verkümmern zahllose nicht benutzte Nervenverbindungen und das Gehirn verliert unwiderruflich verschiedenste Fähigkeiten, die es ansonsten entwickeln würde. Vor allem die Bereiche des Stirnhirns, die für Fähigkeiten wie bewusstes Denken, Handlungsplanung, Handlungskontrolle, Bewertung und Abwägen, Steuerung der Konzentration und Motivation verantwortlich sind, reifen bis weit ins dritte Lebensjahrzehnt hinein. Kein Wunder also, dass in der Pubertät aus Erwachsenensicht so vieles drunter und drüber geht.

Die Kinder/Jugendlichen werden gereizter, aggressiver, gerade auch gegenüber ihren Eltern. Sie entwickeln mitunter respektloses Verhalten und egozentrische Haltungen. Oft kommt es zu *extremen Stimmungsschwankungen* zwischen depressivem Rückzug und überschwänglicher Selbstüberschätzung. Die Bedeutung der Eltern nimmt rapide ab, die Gleichaltrigengruppe und die Freunde und Freundinnen werden enorm wichtig, dort möchte man gefallen und nicht als Außenseiter abgestempelt werden. Man trägt angesagte Klamotten, sieht die angesagten TV-Serien, hängt herum und fühlt sich groß und cool. Durch die Clique lassen sich die Kinder mitunter auf Dinge und Handlungen ein, die aus Elternsicht nicht wünschenswert sind: Rauchen, Alkohol, Drogen, Vandalismus, exzessives PC-Spiel, Internetspiele, exzessives Chatten (anstelle sich leibhaftig mit Freunden zu treffen).

Das Interesse an potenziellen Sexualpartnern (gegengeschlechtlich oder mitunter auch gleichgeschlechtlich) reift heran. Verhütung wird plötzlich ein Thema. *Sexualkontakte* mit der Möglichkeit, schöne Gefühle zu erleben, aber auch mit der Gefahr der Übertragung ansteckender Krankheiten, der Gefahr von frühen Schwangerschaften oder der Gefahr, überfordert oder missbraucht zu werden, stellen sich ein. Die Kinder fühlen sich erwachsen, glauben, alles zu können, und stolpern doch immer wieder in Fallen und sind noch nicht reif, für sich wirklich Verantwortung zu übernehmen. Die *Schule* wird aus Sicht der Heranreifenden störend und überflüssig, die Schulleistungen sacken oft ab, die Perspektive für Ausbildungsplanung rückt mitunter in den Hintergrund. Abends kommen die Jugendlichen nicht ins, morgens nicht aus dem Bett, der Schlaf-Wach-Rhythmus verändert sich, »Party ohne Ende« ist mitunter angesagt, manchmal auch mit Gewaltexzessen und Schlägereien.

Das alles wird durch die *Umbauprozesse im Gehirn* hervorgerufen, die bei vielen jungen Männern oft erst mit 25 Jahren oder später weitestgehend abgeschlossen sind (die Frauen sind den Männern auch hier mal wieder weit voraus). Viele Eltern fragen sich verzweifelt, warum die Natur die Pubertät überhaupt erfunden hat. Dieser Sturm ist jedoch einfach notwendig, um einen großen Schritt in Richtung Ablösung von den Eltern und Entwicklung von Eigenständigkeit und Verantwortlichkeit zu übernehmen. Erfreulicherweise durchlaufen jedoch die meisten Kinder dieses Chaos weitgehend unbeschadet, mit 16, 17 oder 18 Jahren wird alles wieder ruhiger, Vernunft kehrt allmählich wieder ein und die Beziehung zu den Eltern wird wieder freundlicher, respektvoller und auch liebevoller. Und dabei können und müssen wir Eltern unsere Kinder unterstützend begleiten.

Wie sollte Beziehung und Erziehung in der Pubertät gestaltet sein?

In der Pubertät und im Heranwachsendenalter treten bei etwa einem Viertel der Jugendlichen Störungen im Sozialverhalten auf. Diese Auffälligkeiten verlieren sich zum Teil wieder. Deshalb müssen die wichtigen Bezugspersonen – wir Eltern, aber auch Lehrerinnen und Lehrer, Gruppenleiter und Gruppenleiterinnen – bei Nachmittags- und Abendaktivitäten die Jugendlichen auch in diesen Phasen unterstützen und begleiten, damit Störungen des Sozialverhaltens möglichst gar nicht erst auftreten oder sich wieder zurückbilden können. Untersuchungen über Elterntrainings (s. Kapitel 7), in denen Eltern gezielt in ihrer erzieherischen Sicherheit gestärkt werden, zeigen, dass über solche Trainings das Verhalten der Kinder durchaus positiv beeinflusst werden kann. Jedoch sind diese Einflüsse geringer, je älter die betreffenden Kinder sind. Zudem zeigen Untersuchungen an jugendlichen und jungen erwachsenen Straffälligen, die in der Haftanstalt an intensiven Antiaggressionstrainings teilnahmen, dass durch solche Therapiemaßnahmen die Rückfallhäufigkeit zur Gewaltkriminalität nicht verbessert werden konnte.

Diese Erkenntnisse legen nahe, dass frühestmögliche *Vorbeugung* von Entwicklungen zur Gewalttätigkeit enorm wichtig ist. Die Vorbeugung fängt schon, wie in den vorangehenden Kapiteln ausgeführt wurde, in der Schwangerschaft an: dadurch, dass Mütter Nikotin, Alkohol und Drogen meiden und möglichst wenig belastenden Stress erleben. In den nachfolgenden Entwicklungsstufen können Eltern weiterhin viel dazu beitragen, dass ihre Kinder keine Störung des Sozialverhaltens entwickeln, indem sie versuchen, einerseits liebevolle, andererseits konsequente Erziehungshaltungen zu verwirklichen. Die elterlichen Einflüsse in der Pubertät sind wie gesagt deutlich geringer, aber dennoch vorhanden. Also: *Nicht aufgeben in dieser schwierigen Entwicklungsphase!*

Die Pubertät ist unter anderem dadurch gekennzeichnet, dass die Kinder zunehmend eigene Ideen, Wünsche und Interessen verwirklichen wollen und wir Eltern lernen müssen, die Leinen immer lockerer zu lassen, andererseits aber weiterhin dafür Sorge tragen müssen, unsere Kinder vor Gefahren zu schützen. Dazu sind weiterhin regelmäßige (am besten tägliche) Gespräche über die Tageserlebnisse, über Wünsche und Vorhaben und über die Regeln des Zusammenlebens notwendig.

Ein 13-jähriges Mädchen möchte mit zwei Freundinnen abends ins Kino in die Stadt gehen. Dazu müssten die drei mit dem Bus fahren und wären erst gegen 23 Uhr zu Hause. Den Eltern gefällt das Vorhaben nicht. Sie wissen aber, dass es nicht gut wäre, mit der Faust auf den Tisch zu hauen und das Vorhaben zu verbieten. Dadurch würde sich die Tochter missachtet fühlen und zukünftig vielleicht weitere Vorhaben verheimlichen und sich über Verbote der Eltern hinwegsetzen. Denn Hand aufs Herz: Wie waren wir denn als Teenies so drauf? Hätten wir das anders gemacht? Also setzen sich die Eltern mit ihrer Tochter im »Familienrat« zusammen und besprechen das Vorhaben:

Mutter: »Sandra, du möchtest mit Mia und Chantal am Samstag um 8 Uhr abends ins Kino gehen? Das gefällt mir nicht.«
Sandra: »Das ist mir doch egal, ob dir das gefällt. Wenn ihr mir das nicht erlaubt, haue ich sowieso ab.«

Vater: »He, Sandra, was ist das für ein Ton! Du kennst das doch: In unserer Familie reden wir respektvoll miteinander und ich möchte, dass das auch so bleibt.«

Sandra: »Aber ihr behandelt mich wie ein kleines Mädchen, das finde ich ätzend. Alle anderen in meinem Alter dürfen das auch.«

Mutter: »Ich kann verstehen, dass du nicht mehr wie ein kleines Mädchen behandelt werden möchtest. Wir müssen ja auch erst lernen, dir allmählich mehr Freiheiten einzuräumen. Aber wenn drei 13-jährige Mädchen im Dunkeln mit dem Bus in die Stadt fahren ... was da alles passieren kann! Ich glaube auch nicht, dass alle anderen Eltern das ihren Töchtern erlauben würden. Die Mutter von Franzi hat mir letzte Woche noch erzählt, dass sie Franzi abends nicht in die Stadt lassen würde. Weißt du, Sandra, ich mache mir da schon Sorgen, weil ich dich lieb habe. Wenn du mir egal wärst, dann würde ich dich einfach so ziehen lassen. Aber du bist mir nicht egal.«

Sandra: »Oh, Mama. Aber ich schaff das schon, ich kann mich auch wehren, wenn mir einer blöd kommt.«

Vater:» Ich glaube schon, dass du eine ganze Menge schaffst. Wir trauen dir auch wirklich viel zu. Aber da draußen lauern schon Gefahren, die du vielleicht noch nicht einschätzen kannst.«

Sandra: »Mensch, Papa, ich bin doch nicht blöd. Ich weiß schon, was ich tun muss, wenn mir einer an die Wäsche will.«

Mutter: »Sandra, bitte. Du weißt, Papa hat am Samstag Spätschicht und ist mit dem Auto weg, sonst könnten wir euch ja fahren. Hast du denn eine Idee, wie wir das organisieren können? Aber allein mitten in der Nacht kann ich dich nicht mit dem Bus fahren lassen.«

Sandra: »Ich weiß nicht, wie wir das anders organisieren könnten, ich muss mal drüber nachdenken.«

Vater: »Sandra, dazu kommt noch, dass das Jugendschutzgesetz Kindern unter 14 Jahren den Besuch von Kinoveranstaltungen nur bis 20 Uhr erlaubt.«

Sandra: »Ich scheiß auf euer Jugendschutzgesetz.«

Mutter: »Sandra, bitte, denk dran, so reden wir hier nicht miteinander. Aber Papa hat recht. Da habe ich gar nicht dran gedacht. Gesetz ist Gesetz, da sind wir einfach für dich verantwortlich.«

Vater: »Ich mache dir folgenden Vorschlag: Ihr geht in die 18-Uhr-Vorstellung und ich rede mal mit den Eltern von Mia und Chantal, ob die euch danach abholen können. Oder ihr verschiebt das Ganze auf nächstes Wochenende. Da habe ich frei und kann euch abholen. Denk einmal in Ruhe nach, dann können wir ja heute Abend noch mal drüber reden.«

Diese Eltern schafften es tatsächlich, zusammen mit ihrer Tochter *eine für alle akzeptable Vereinbarung* zu treffen: Das Projekt wurde verschoben, die Mädchen fuhren mit dem Nachmittagsbus zur 18-Uhr-Vorstellung und der Vater holte sie anschließend mit dem Auto ab. Ob diese Regelung sechs Monate später auch noch so durchführbar gewesen wäre, ist schwer zu sagen. Vielleicht hätten die Eltern dann noch mehr auf ihre Tochter zugehen müssen. Solche Regelungen sind nie von Dauer, sondern müssen je nach Alter, Bedürfnissen und Entwicklungsstand immer wieder neu verhandelt werden. Eltern können sich in ihrer Argumentation aber durchaus auch auf die Vorgaben des Jugendschutzgesetzes (Informationen hierzu finden Sie im Internet) berufen. Das kann sehr hilfreich sein. Wichtig war in diesem Beispiel schließlich auch, dass die Eltern ihre Tochter aufforderten, mit nach Lösungen zu suchen, und ihr Bedenkzeit gaben. Sie versuchten ihr Kind an der Entwicklung einer Problemlösung zu beteiligen.

Sowohl für Mädchen als auch für Jungen lauern in der »großen weiten Welt« Gefahren. Es ist sinnvoll, die Kinder beizeiten darauf vorzubereiten und in offenen Gesprächen auch die eigenen Sorgen in Form von Ich-Botschaften anzusprechen. Vielleicht ist es auch sinnvoll, die Kinder an Selbstverteidigungstrainings teilnehmen zu lassen. Auch das Mitführen eines Handys und die Unternehmung in einer Gruppe (anstatt allein) können die Sicherheit erhöhen. So können Eltern allmählich lernen, immer mehr loszulassen. Und die Kinder können lernen, allmählich mit immer weniger Schutz von außen ihr Leben anzugehen. Das ist ein *Lernprozess auf beiden Seiten.*

Im vorangegangenen Beispiel zeigte sich aber auch schon, dass Teenager oft eine *andere Sprache* haben und sich aus Erwachsenensicht mitunter im Ton vergreifen. Oftmals haben Schimpfworte für Jugendliche einfach eine andere Bedeutung als für uns Erwachsene. Wenn ein 15-Jähriger, ohne selbst ärgerlich zu sein, mit einem Grinsen im Gesicht seinen Vater mit »Na, du Arsch« begrüßt, so führt das meist dazu, dass der Vater ärgerlich-empört über eine solche »Frechheit« aufgebracht ist. Schon hat man einen heftigen Streit, der die Beziehung zueinander beeinträchtigt (mit allen Gefahren eines Beziehungsabbruchs), der aber vielleicht nur auf einem Missverständnis beruht. Für den Vater ist der Begriff »Arsch« ein übles Schimpfwort, das man niemals seinen Eltern gegenüber gebrauchen darf, und er fühlt sich verständlicherweise attackiert. Für den Jungen bedeutet dieses Wort aber vielleicht überhaupt nichts Böses, sondern ist einfach eine freundliche Begrüßungsfloskel, mit der sich die Gleichaltrigen ständig »begrüßen«, ohne den anderen beschimpfen zu wollen. Jugendsprache ist ständig im Wandel und Begriffe verändern ihre Bedeutung. Eltern sollten sich da »fortbilden« und informieren. Das geht am besten durch regelmäßige gemeinsame Gespräche, die sich an den Gesprächsregeln für den Familienrat orientieren.

Der Vater eines 14-jährigen Sohnes ist zunehmend verzweifelt, da er immer wieder in lautstarke, zum Teil handgreifliche Konflikte mit diesem gerät. Er tut einen mutigen, richtigen Schritt und besucht ein Elterntraining, in dem er folgende Begebenheit berichtet:

In den letzten Monaten gibt es immer wieder heftigen Streit, vor allem wenn der Sohn nicht seinen Willen durchsetzen kann. Dieser verlange ständig Geld, um sich CDs und PC-Spiele zu besorgen. Wenn der Vater dann ablehnt und auf das Taschengeld verweist, wird der Junge wütend und beschimpft den Vater als »Arschloch« und »Spießer«. Darauf reagiert der Vater immer mit einem Wutausbruch. Er schreit seinen Sohn an, beschimpft diesen ebenfalls. Einmal schlug er ihn sogar und wenn die Mutter nicht dazwischengegangen wäre, hätte der Sohn zurückgeschlagen. Der Sohn zieht sich zunehmend zurück, kommt trotz Verbot oft erst spät nach Hause, teilweise alkoholisiert und wird von der Mutter beim Kiffen erwischt.

In der Aufarbeitung im Elterntraining wird dem Vater klar, dass er im Sohn eigene Züge erkennt, die er ablehnt. So ist auch der Vater ein aufbrausender Typ, eine Charaktereigenschaft, mit der er sich immer wieder Probleme eingehandelt hat. Eine Eigenschaft, die er offensichtlich vererbt hat. Andererseits ist er dem Sohn mit seinen eigenen aggressiven Ausbrüchen ein schlechtes Vorbild. Ihm wird auch klar, dass sich der Sohn im pubertären Umbruch nicht wohlfühlt und mit dem Probieren von Cannabis vielleicht versucht, schlechten Gefühlen zu entfliehen und in seiner Clique mehr Ansehen zu erlangen.

Somit kann der Vater mit Unterstützung durch die professionelle Beratung sein Verhalten seinem Sohn gegenüber ändern, sodass beide wieder näher zueinanderkommen. Der Vater setzt sich von nun an regelmäßig mit seinem Sohn zusammen, um zum richtigen Zeitpunkt (beide guter Stimmung, beide haben Zeit) wesentliche Dinge zu besprechen. Der Sohn kann sich auf die Gesprächsangebote einlassen, da er seinen Vater nach wie vor liebt und von ihm Anerkennung und Akzeptanz herbeisehnt. Das alles gelingt jedoch nur, weil der Vater bereit ist, seine Haltungen und sein bisheriges Handeln infrage zu stellen. Da-

durch zeigt er, dass er mutig und stark ist. Wenn sich der Sohn dennoch mal wieder im Ton vergreift, so bleibt der Vater ganz ruhig, sagt nur: »Ich möchte nicht, dass du so mit mir sprichst«, dreht sich um und geht weg.

Mit etwas zeitlichem Abstand können sich Vater und Sohn dann wieder versöhnen. Zusätzlich kann der Junge psychotherapeutisch begleitet werden. In den Gesprächen mit dem Therapeuten gelingt es ihm allmählich, seine belastenden Gefühle zu benennen, ihre Ursachen zu verstehen (ursprünglich einengende Haltungen der Eltern, Enttäuschungen in der Clique, Versagensgefühle in der Schule) und für die Zukunft Vorsätze zu entwickeln und Strategien zu erarbeiten, seine neuen Ziele auch anzugehen.

Die Pubertät ist die Lebensphase, in der viele »verbotene Dinge« ausprobiert werden, zum Beispiel der Konsum legaler (Nikotin, Alkohol) und illegaler Drogen (Cannabis, Ekstasy, Speed, LSD, Opiate, Kokain etc.), aber auch von »Magic Mushrooms« oder »Engelstrompeten« bzw. das Schnüffeln von Lösungsmitteln, Feuerzeuggas etc. Mitunter geschieht dieses Verhalten nur zufällig durch Ausprobieren in der Gleichaltrigengruppe (»Hey, mach doch mit, stell dich nicht an, du Weichei!«), um dazuzugehören oder als cool und angesagt zu gelten. Wenn dieses Probierverhalten jedoch damit verbunden ist, dass es den betreffenden Kindern und Jugendlichen gefühlsmäßig nicht gut geht – da sie zum Beispiel gefrustet sind, enttäuscht von sich selbst und von anderen, verzweifelt, da es mit der Schule oder Freund/Freundin nicht klappt, traurig, da sich ihre Eltern nicht wirklich um sie kümmern –, dann besteht die Gefahr einer *Suchtentwicklung.* Denn viele dieser Suchtstoffe haben die Eigenschaft, dass sie unmittelbar nach dem Konsum, manchmal schon nach Sekunden, ein schönes Gefühl, ein Kick-Gefühl geben und es den Betroffenen erleichtern, Probleme anscheinend zu »vergessen«. Auch die Computer- und Internetsucht kann diese

Funktion haben, unangenehme Lebensgefühle zu vergessen oder erträglicher zu machen. Zudem gibt es auch eine genetische Veranlagung zur Suchtentwicklung. Aufmerksamkeitsstörungen und schon vorhandene Störungen des Sozialverhaltens erhöhen das Risiko erheblich.

Fast 30 Prozent der 16-jährigen Jungen und 17-jährigen Mädchen *rauchen* täglich Tabak. Unter den rauchenden Jugendlichen konsumiert fast die Hälfte auch Cannabis, während nur fünf Prozent der nicht rauchenden Jugendlichen Cannabisprodukte (Haschisch, Marihuana) konsumieren. Das Durchschnittsalter beim ersten *Alkoholrausch* liegt bei 15,5 Jahren. Wenn Schulschwierigkeiten, Leistungsabfall, Konzentrationsstörungen, Unruhe, Rückzug von Freunden und Hobbys, auffallende Stimmungsschwankungen oder Polizeikontakte in der Pubertät auftreten, müssen Eltern immer daran denken, dass ihr Kind möglicherweise eine Sucht entwickelt (Alarmsymptome). Dann ist professionelle Hilfe (jugendpsychiatrische Untersuchung, Psychotherapie, Elterntraining, Suchtberatung, Jugendhilfemaßnahmen) dringend notwendig, Hilfe, die die betroffenen Jugendlichen oft jedoch nicht annehmen wollen oder können. Auch hier gilt: Je früher man eingreift und den Jugendlichen Hilfe anbietet, desto besser die Erfolgschancen. Eltern sollten also nichts »anbrennen« lassen, sondern ihre Kinder mit einem möglichen Verdacht konfrontieren, ohne zu schimpfen oder zu drohen, und ein faires Gespräch über ihre Sorgen und über mögliche Ursachen führen, in welchem sie ihrem Kind anbieten, sich zu öffnen.

Auch die *Computersucht* ist ein immer häufigeres, ernst zu nehmendes Problem. Viele Jugendliche verbringen den größten Teil der wachen Zeit des Tages vor Bildschirmen. Das führt zur Verkümmerung von wirklich gelebten sozialen Kontakten (Chatten ist kein Ersatz für die Pflege sozialer Kontakte) und zur Beeinträchtigung des Konzentrationsvermögens und der schulischen Leistungen. Außerdem erhöht dies die Gefahr des Schulabbruchs und des sozialen Abstiegs. Zudem führt der Konsum gewaltträchtiger Spiele und Filme zu Abstumpfungsprozessen und erhöht die Nachahmungsbereitschaft, vor allem bei Jugendlichen mit sozialen und psychischen Problemen. Viele Nervenzellverbindungen, die für das Erlernen schulischer und lebenspraktischer Fertigkeiten notwendig sind, verkümmern, da sie nicht benutzt werden.

Was können wir Eltern tun? Wir können versuchen, weiterhin in *gutem Kontakt* zu unseren jugendlichen Kindern zu bleiben, auch wenn sich diese abweisend,»kratzbürstig« verhalten. Es ist wichtig, im Gespräch zu bleiben, aber auch klare Vorgaben zu machen, was Sie als Eltern akzeptieren können und was nicht. Verbote sollten nur sparsam ausgesprochen werden, denn sie bergen immer die Gefahr, dass sie unterlaufen werden, dass das Verbotene erst recht interessant wird und dass dadurch oft unsere Hilflosigkeit entlarvt wird, wenn wir die Beachtung eines Verbots nicht wirklich durchsetzen können. Zudem führen Verbote oft zur Flucht der Jugendlichen in ihre Clique und aus der Lebensgemeinschaft mit ihren Eltern heraus. Mitunter behindern Verbote aber auch die Möglichkeit der Kinder, eigene Erfahrungen zu machen und dadurch zu lernen. Die Gratwanderung des elterlichen Begleitens durch die Pubertät ist somit nicht einfach.

Ein 13-jähriger Junge spielt immer häufiger an seinem PC. Er hat sich von seinem Geld ein Gerät gekauft, welches in seinem Zimmer steht. Die Schulleistungen werden schlechter, am Nachmittag verabredet er sich nicht mehr mit seinen Freunden, er geht nicht mehr zum Fußball. Sogenannte »Ego-Shooter«-Spiele (»Ballerspiele«) haben es ihm angetan. Die Mutter ist entsetzt, traut sich aber nicht einzugreifen. Der Vater will nicht länger zusehen und geht eines Nachmittags ins Zimmer des Jungen. Dieser sagt dem Vater mürrisch, er solle gehen, er wolle in Ruhe spielen und er habe keine Lust mehr auf das elterliche »Geze-

ter«. *Der Vater lässt sich nicht beirren, nimmt sich einen Stuhl, setzt sich neben den Jungen und sagt:* »Ich will nicht zetern, ich mache mir nur Sorgen, da du seit zwei Monaten fast nur noch am PC spielst. Ich möchte einfach kennenlernen, was du hier so machst.« *(Ich-Botschaften)*
Der Junge ist völlig verblüfft. Sein Vater interessiert sich plötzlich für das, was er macht? Ist das vielleicht wieder so ein komischer Pädagogiktrick? Trotzdem zeigt er dem Vater das Ballerspiel, das er so gerne spielt, erklärt ihm die Regeln, zeigt ihm, wie man die »Feinde« *abknallen und wie man Punkte machen kann. Der Vater hört in Ruhe zu und sagt:* »Jetzt weiß ich ja, was du so spielst. Ich will dir das nicht verbieten. Aber ich muss dir sagen, dass mir solche Spiele nicht gefallen. Spiele, in denen man Menschen tötet, finde ich nicht gut. Man hat herausgefunden, dass Jugendliche, die solche Spiele spielen, mit der Zeit abstumpfen.« »Oh Papa, ich werde doch kein Amokläufer, aber das ist geil, so herumzuballern.« »Denk noch einmal drüber nach, mir gefallen solche Spiele nicht und ich mache mir Sorgen. Vielleicht fällt dir ja wieder eine andere Freizeitbeschäftigung ein, was du sonst machen könntest. Ich verbiete dir das Spiel nicht, aber ich werde die Zeit begrenzen. Nur noch eine Stunde am Tag Ballerspiele, das werden Mama und ich kontrollieren. Ich würde mich freuen, wenn wir mal wieder zusammen Sport machen könnten so wie im letzten Jahr, joggen, Fahrrad fahren, also mir hat das Spaß gemacht. Wir können heute Abend noch einmal darüber reden. Aber denk dran: Für heute nur noch 30 Minuten Ballerspiel, denn du sitzt ja schon mindestens eine halbe Stunde davor.«*
Der Vater lächelt seinen Sohn an, legt freundlich seine Hand auf die Schulter des Jungen, der ihn verdutzt anblickt, und geht aus dem Zimmer.

In der Folgezeit spielte der Junge zwar weiterhin seine Ballerspiele, die verkürzte Zeit wurde aber eingehalten, zur Not zogen die Eltern beherzt den Netzstecker und nahmen das Kabel mit (logische Konsequenz). Das war aber kaum nötig, meistens hielt sich der Junge von allein an die Vorgabe. Jeden Tag (!) sagten ihm seine Eltern »im Vorbeigehen« aufs Neue, was sie von den Ballerspielen hielten (tägliche Mitteilung der elterlichen Meinung), und machten ihm Angebote für gemeinsame Aktivitäten (Schwimmen, Fußball, Joggen, Fahrradfahren, Gesellschaftsspiele etc.). Sie ließen dem Jungen jedoch die Entscheidung, ob er Ballerspiele (im Rahmen ihrer zeitlichen Vorgaben) spielte oder auf ihre Angebote einging. Nach vier Wochen beschäftigte sich der Junge deutlich weniger mit dem PC, lernte wieder mehr für die Schule und ab und zu joggte er mit seinem Vater oder spielte mit seinen Eltern ein Gesellschaftsspiel. Das Thema »Ballerspiele« hat sich weitestgehend erledigt.

Das Vorgehen und die *Haltungen* der Eltern in diesem Beispiel zeichnen sich durch folgende Dinge aus:

- Sie schimpfen und meckern nicht mehr.
- Sie interessieren sich für das, was der Junge macht.
- Sie machen ihm Kontaktangebote.
- Sie machen ihm Angebote für gemeinsame Aktivitäten.
- Sie konfrontieren ihn immer wieder mit ihrer Meinung (das ist ihr gutes Recht).
- Sie vermeiden aber einengende Verbote.
- Sie haben den Mut, Vorgaben zu machen (Zeitbegrenzung), begründen diese und achten darauf, dass diese eingehalten werden (gegebenenfalls Einleitung von logischen Konsequenzen).

Der Junge spürt wieder, dass er von seinen Eltern geliebt wird, dass sie jedoch nicht alles, was er macht, akzeptieren, ihm aber im Rahmen der Vorgaben eine gewisse Entscheidungsfreiheit lassen. Dadurch kann er sich wieder seinen Eltern nähern und ist in der Lage, sein eigenes Handeln wieder zu überdenken und letztendlich eine eigene Entscheidung zu treffen. Mit diesen Haltungen können Eltern die verschiedensten Probleme in der Pubertät zusammen mit ihren Kindern meistern. Manchmal benötigen sie jedoch professionelle Hilfe:

Ein 14-jähriger Junge lebt allein mit seiner Mutter. Zu seinem Vater besteht seit zwei Jahren kein Kontakt mehr. Mutter und Sohn sind vor einem Jahr in eine andere Gegend gezogen, 300 Kilometer von der alten Heimat entfernt.

Der Junge hatte es noch nie leicht, jahrelang erlebte er die lautstarken Konflikte der Eltern, die ihn sehr belasteten. Er hatte immer das Gefühl, nicht eingreifen zu können, da er große Angst vor seinem Vater mit dessen Ausbrüchen gegenüber der Mutter hatte. Schon in der Grundschule fiel ihm das Lernen schwer, er konnte sich nicht konzentrieren, war schnell ablenkbar und wenn er sich geärgert fühlte, wurde er schnell wütend. Das merkten die anderen Kinder, sie machten sich einen »Spaß« daraus, ihn zu ärgern. Immer wieder wurde er beschimpft, bedroht und ausgelacht. Er zog sich in der Grundschulzeit zunehmend zurück. Die Mutter und die Lehrerin vermuteten einen Zusammenhang zu den häuslichen Problemen. Aber auch die Trennung der Eltern (als der Junge in der 2. Klasse war) brachte keine Änderung.

Es wurde eine Spieltherapie anberaumt, er war nicht mehr so schnell »auf 180«, Lernen und Konzentrieren fielen ihm jedoch nach wie vor schwer. Im weiteren Verlauf wurde in einer kinderpsychiatrischen Klinik eine Aufmerksamkeitsstörung ohne Hyperaktivität diagnostiziert (ADS). Eine medikamentöse Behandlung in niedriger Dosierung führte zu einer deutlichen Besserung des Lernvermögens und der Konzentrationsfähigkeit. Der Junge schöpfte wieder etwas Selbstvertrauen. Der Vater, zu dem damals noch Kontakt bestand, war jedoch gegen die medikamentöse Behandlung. Leider nahm dieser nie an den ärztlichen Beratungsgesprächen teil, er war kaum über das Wesen

der Erkrankung und über die Wirkung der Medikamente infor-
miert. Trotzdem schaffte er es, den Jungen massiv zu verunsi-
chern, sodass sich dieser mit zwölf Jahren weigerte, weiterhin
die Medikation einzunehmen. Es kam, wie es kommen musste:
Die Schulleistungen verschlechterten sich wieder, er konnte wie-
der viel schlechter lernen, träumte stundenlang bei den Haus-
aufgaben vor sich hin, war gefrustet, wurde wieder aggressiv
und wurde wieder gemobbt. In der Folge meldete sich der Vater
nicht mehr, er brach den Kontakt zu seinem Sohn ab.

Die Mutter musste aus beruflichen Gründen umziehen und
der Junge wurde in ein neues Umfeld »verpflanzt«. Auch in der
neuen Schule kam er nicht zurecht, wurde wieder gemobbt, er
zog sich zurück, hatte keine Freunde und wurde auch zu Hause
mit einsetzender Pubertät aus Sicht der Mutter »unaussteh-
lich«. Er zog sich vor den PC zurück, beteiligte sich nicht mehr
gemäß der Absprachen an den Aufgaben im gemeinsamen
Haushalt, ließ sein Zimmer vermüllen und abends, wenn die
Mutter nach Hause kam, waren auch die gemeinschaftlichen
Räume durcheinander, sodass der Mutter immer wieder der
Kragen platzte. Sie schimpfte, schrie, drohte, alles ohne Erfolg.
Ein 14-Jähriger müsse sich doch an die Absprachen halten, er
müsse doch seine Aufgaben erledigen und ein Gefühl dafür ha-
ben, wie er sich zu verhalten habe, war ihre Einstellung. Die
Beziehung zwischen den beiden wurde immer verfahrener. Der
Junge wäre am liebsten ausgezogen und die Mutter war froh,
wenn sie ihn nicht sehen musste.

Die Mutter schaffte es jedoch, nach *Gesprächen mit den Leh-*
rern, zusammen mit dem Jungen zu einem *Psychotherapeuten*
zu gehen. In den ersten Gesprächen offenbarte sich das ganze
Drama zwischen Mutter und Sohn. Im Verlauf der therapeu-
tischen Arbeit mit dem Jungen, zu der auch die Mutter immer
wieder gebeten wurde, zeigte sich, wie unglücklich, traurig
und verzweifelt der Junge war. Er traute sich überhaupt nichts

mehr zu, schaffte es nicht, auf Gleichaltrige zuzugehen. Das führte zwangsläufig dazu, dass er vor dem Computer »versackte«. Er konnte sich nicht mehr konzentrieren, hatte das Gefühl, »dumm« zu sein, und konnte seine aus seiner Sicht »ständig keifende Mutter« nicht mehr ertragen. Beiden wurde klar, dass verschiedene »Baustellen« zu bearbeiten waren:

- Nach reiflicher Erläuterung und Aufklärung des Jungen wurde besprochen, wieder ein *Medikament* einzusetzen, das die Konzentrationsfähigkeit erhöht. Der Junge verstand die Wichtigkeit und konnte sich nunmehr darauf einlassen. Das Lernvermögen und die Motivation zu den Hausaufgaben besserten sich merklich.
- Der Junge fasste sich ein Herz und sprach *Gleichaltrige* an, konnte erste Verabredungen tätigen und nahm Kontakt zum örtlichen Fußballverein auf. Er liebte Fußball und durch den Wiedereinstieg in dieses Hobby konnte er deutlich an Selbstwertgefühl gewinnen. Zudem stieg seine Akzeptanz in der Klasse.
- Dadurch und durch engagierte Lehrer, die ein *Anti-Mobbing-Programm* in der Schule einrichteten, konnte das Mobbing beendet werden.
- Die Mutter lernte, ihren Sohn nicht mehr als »böse«, sondern als unterstützungsbedürftig zu sehen. Der Junge hatte eine Aufmerksamkeitsstörung und Jugendliche mit diesem Problem tun sich noch viel schwerer mit Ordnung, dem Einhalten von Absprachen und Verpflichtungen und dem Erledigen der Hausaufgaben als andere Gleichaltrige in der Pubertät ohne AD(H)S. *Jugendliche mit AD(H)S* brauchen mit 14 Jahren oft mehr Struktur gebende Unterstützung durch wohlwollende Erwachsene (Eltern, Lehrer etc.) als vielleicht manches zehnjährige Kind, welches nicht an einer Aufmerksamkeitsstörung leidet. Das wurde der Mutter zunehmend klarer. Sie schaffte es dadurch viel we-

niger zu schimpfen und konnte den *Familienrat* zu Hause einführen. Mutter und Sohn konnten sich immer besser an die Gesprächsregeln halten, die Atmosphäre besserte sich, sie konnten Absprachen eingehen, die der Junge zunehmend besser einhalten konnte. Die Mutter entwickelte wieder liebevolle Gefühle für ihr Kind und die Traurigkeit des Jungen wurde allmählich weniger.

● Trotzdem brauchten beide weiterhin *professionelle Begleitung* über mehrere Jahre, um dabei unterstützt zu werden, nicht wieder in alte Verhaltensmuster zu verfallen. Der Junge lernte im Rahmen der Therapie auch Strategien kennen, seine Aufmerksamkeit bewusster zu steuern. Mit 17 Jahren konnte das Medikament abgesetzt werden. Der Junge schaffte seinen Realschulabschluss und begann eine Ausbildung im Einzelhandel. Die beiden sind ein großes Stück weitergekommen.

Ein 14-jähriges Mädchen lebt ebenfalls mit ihrer Mutter allein. Es besucht die 7. Klasse einer Realschule. In der Grundschulzeit war sie ein fröhliches Mädchen gewesen, aufgeweckt, interessiert, lernte leicht und wechselte auf das Gymnasium. Dort klappte es zunächst auch gut. In der 6. Klasse kippten die Schulleistungen plötzlich, das Mädchen wechselte zur 7. Klasse auf die Realschule. Es wurde zunehmend misslaunig und hatte große Stimmungsschwankungen. Mit der Mutter gab es immer wieder Streit, etwas, das die Mutter bis dahin nicht kannte. Die beiden waren immer sehr friedlich miteinander ausgekommen. Die Mutter machte sich Gedanken, was wohl dazu geführt haben konnte, dass sich ihre Tochter derart verändert hatte. Sie bekam Schuldgefühle, dass sie sich schon in der Schwangerschaft vom Vater des Mädchens getrennt hatte, der auf eine Abtreibung gedrängt und sich nach der Entbindung nie um das Kind gekümmert hatte. Vor Kurzem erst hatte sie ihrer Tochter »reinen Wein« über ihren Vater eingeschenkt. Danach war diese

*äußerst sauer auf ihren Vater. Und ihre Stimmung war nie mehr
so ausgeglichen wie früher.*

*Im Rahmen der zunehmenden Konflikte und der rapide
sinkenden Schulleistungen wurde das Mädchen durch einen
Kinder- und Jugendpsychiater untersucht. Dieser vermutete
eine Pubertätskrise und bot eine stützende Gesprächsbegleitung
an, welche das Mädchen rigoros ablehnte. Es »hing nur noch mit
ihrer Clique herum«, interessierte sich schon mit 13 Jahren für
Jungs und eines Tages erzählte es ihrer Mutter, dass es mit einem
17-jährigen Freund aus der Clique geschlafen hätte. Ohne Pille,
ohne Kondome. Und so wirklich hatte es das auch nicht gewollt.
Das Mädchen war bedrängt worden, hatte schon etwas Alkohol
getrunken und dann hatte es dem Drängen nachgegeben. Es
war danach enttäuscht, hatte das Gefühl, ausgenutzt worden zu
sein und bekam plötzlich Angst, dass es schwanger sein könnte.
Da offenbarte es sich der Mutter.*

*Diese ging mit ihrer Tochter zur Frauenärztin, die eine
Schwangerschaft ausschließen konnte und mit dem Mädchen
über Verhütungsmöglichkeiten sprach. Erleichtert ging das
Mädchen wieder ihrem bisherigen Lebensstil nach, verbrachte
viel Zeit mit der Clique und hatte den nächsten Freund (diesmal
benutzten sie Kondome). Die Mutter macht sich große Sorgen,
dass ihre Tochter die Schule nicht schaffen wird, dass sie wirklich früh schwanger wird oder dass sie zunehmend auf den ab-
steigenden Ast gerät.*

Natürlich ist die Sorge der Mutter nicht unberechtigt. All diese
Befürchtungen könnten eintreten. Auch könnten ungünstige
Einflüsse der Gruppe Alkohol- und Drogenkonsum sowie die
Entwicklung kriminellen Verhaltens begünstigen. Bei diesem
Mädchen kam es aber anders. Die Mutter war willens, ihre
Tochter nicht fallen zu lassen. Sie holte sich Hilfe beim Amt
für Soziale Dienste (Jugendamt). Natürlich hatte sie Angst,
dass man ihr die Tochter wegnehmen könnte, eine Angst, die

viele Eltern in solchen Situationen haben, eine Angst, die aber normalerweise überflüssig ist. Denn die Mitarbeiterinnen und Mitarbeiter des Amtes für Soziale Dienste versuchen, die familiären Fundamente zu stärken und Eltern und Kinder wieder zueinanderzubringen, wenn irgend möglich. Nur in Ausnahmefällen wird eine sogenannte Fremdunterbringung wirklich notwendig.

Das Amt bot in diesem Fall eine »Erziehungsbeistandschaft« an. Ein Sozialarbeiter besuchte das Mädchen an zwei Nachmittagen in der Woche. Er führte mit ihm Gespräche, hatte ein offenes Ohr für seine Nöte, lernte den Freund und die Clique kennen und konnte das Vertrauen der jungen Leute gewinnen. Er schaffte es, bei dem Mädchen einen Prozess des Nachdenkens anzuregen. Es konnte sein Verhalten immer besser beleuchten und verstehen. Die Enttäuschung über den Vater führte auch zu einer Enttäuschung über die Mutter, die ihm ja diesen Vater »eingebrockt« hatte. Das Mädchen wollte erwachsen, selbstständig und frei sein und sich loslösen. Außerdem war es zunehmend unzufrieden mit sich, mit seinem Äußeren – wie es in der Pubertät häufig vorkommt – und mit der schulischen Situation. In der Clique fühlte es sich aufgehoben und verstanden, stürzte sich aber eigentlich ja nur in neue Abhängigkeiten, die es zum Teil überforderten. Und nur mit etwas Glück ist ihm das Schicksal seiner Mutter (jung ungewollt schwanger zu werden, von einem Jungen, der gar kein Kind mit ihm hätte haben wollen) erspart geblieben.

Das alles wurde dem Mädchen klar. Es entwickelte mithilfe des Sozialarbeiters neue Interessen, begann Fußball in einer Mädchenmannschaft zu spielen, hatte Erfolgserlebnisse, fand auch außerhalb der bisherigen Clique Freundinnen und konnte sich wieder mit seiner Mutter an einen Tisch setzen. Die Mutter hatte es nie aufgegeben, und mit liebevoller mütterlicher Beharrlichkeit auf dem Boden einer guten Mutter-Kind-Beziehung *vor* der Pubertät, intensiver professioneller

Unterstützung durch den Sozialarbeiter und ein wenig Glück kam das Mädchen wieder »auf die Beine«. Es machte seinen Realschulabschluss und wechselte anschließend in die Oberstufe. Es wünscht sich, später Sozialpädagogik zu studieren, um anderen Jugendlichen so helfen zu können, wie ihm geholfen wurde.

Zusammenfassende Hinweise

In der Pubertät findet ein *Ablösungsprozess* von den Eltern und ein Verselbstständigungsprozess in Richtung auf ein eigenverantwortliches Leben statt. Körperliche Reifungsprozesse sind mit Veränderungen des Gefühlsgleichgewichtes verbunden, aggressive Auseinandersetzungen mit den Eltern sind mitunter ein Muster, welches die Ablösung erleichtert. Diese Prozesse sind nicht nur für die Jugendlichen belastend, sondern in besonderem Maße auch für die Eltern. Die Gefahr, eine Beziehungsstörung zu den Eltern zu entwickeln, ist groß, gerade wenn gegenseitige Verletzungen und Kränkungen nicht verstanden und verarbeitet werden können.

● Daher benötigen pubertierende Jugendliche den *familiären Rückhalt* in besonderem Maße: elterliche Verlässlichkeit, elterliche Liebe, elterliche Ehrlichkeit, Klarheit und Konsequenz.

● Eltern sollten weiterhin wissen, was ihre Kinder machen, mit wem sie verkehren, wann sie sich wo aufhalten. *Klare Absprachen,* die bei Verletzung auch faire *logische Konsequenzen* nach sich ziehen, sind wichtig. Diese Absprachen beziehen sich auf innerfamiliäre Regeln, die mitunter von Monat zu Monat mit zunehmender Reife der Jugendlichen im gemeinsamen guten Gespräch neu ausgehandelt werden müssen.

- Eltern sollten versuchen, gerade auch in problematischen Situationen *mit Lehrern und Lehrerinnen zusammenzuarbeiten*. Denn Schule verliert in dieser Lebensphase für die Jugendlichen massiv an Bedeutung. Lustlosigkeit, Bequemlichkeit und Interesselosigkeit sind Gefahren, die mitunter die gesamte schulische und ausbildungsbezogene Entwicklung gefährden und damit auch den gesamten Lebensweg.

- Eltern sollten ihr Kind dabei unterstützen, *Hobbys* aufrechtzuerhalten und nach *alternativen Freizeitaktivitäten* zu Fernsehen, PC, Spielekonsolen und »Handyaktivitäten« zu suchen.

- Eltern sollten das *tägliche gute gemeinsame Gespräch* anbieten, ihren Kindern wohlwollend zuhören, mit dem »erhobenen Zeigefinger« zurückhaltend sein, ihren Kindern aber auch immer wieder ihre eigenen elterlichen Meinungen und Positionen mitteilen, andererseits die Leine immer weiter locker lassen, damit die Jugendlichen ihre Erfahrungen machen können. Eltern dürfen und müssen weiterhin der »wohlwollende Chef« sein, sollten diese Rolle jedoch mit der Pubertät immer weiter zurückfahren. Die Vorgaben des Jugendschutzgesetzes sollten beachtet werden, denn bis zum 18. Geburtstag ihrer Kinder tragen Eltern letztlich die Verantwortung. War die Beziehung zu den Kindern jedoch schon vor der Pubertät belastet, besteht eine große Gefahr, dass Eltern und Kinder den Draht zueinander verlieren und die Jugendlichen eine problematische weitere Entwicklung nehmen.

Daher ist es extrem *wichtig, von Geburt an daran zu arbeiten, eine gute Beziehung zu den eigenen Kindern zu entwickeln.* Dabei kann dieses Buch helfen. Eltern haben die Aufgabe, darauf hinzuwirken,

- dass sie von den Kindern als vertrauenswürdige und achtenswerte Personen wahrgenommen werden können (das geht nur, wenn Eltern auch darauf achten, dass es ihnen selber gut geht und sie sich auch selbst und ihre Kinder achten),
- Tagesstrukturen (gemeinsame Mahlzeiten, gemeinsame Aktivitäten, gemeinsame Rituale zum Beispiel vor dem Zubettgehen) aufzubauen,
- Regeln zu entwickeln, dies mit fairen Mitteln konsequent einzufordern,
- täglich positive Zeit mit den Kindern zu verbringen, täglich gute gemeinsame Gespräche zu führen,
- das Kind zu begleiten, es so viel wie nötig zu unterstützen, aber auch so viel wie möglich zu fordern,
- Verantwortung und Aufgaben im täglichen Miteinander zu übertragen,
- dass tägliches Vorlesen in der Kleinkind- und Kindergartenzeit durch die Eltern, tägliches Vorlesen in der Grundschulzeit durch die Kinder stattfindet,
- die Kinder dabei zu unterstützen, zwei oder drei Hobbys zu entwickeln, an denen ihr Herz hängt (sportlich, musisch-künstlerisch, zwischenmenschlich), und diesbezüglich Durchhaltevermögen einzufordern,
- täglich Gelegenheit zum Spiel mit Gleichaltrigen draußen und zur körperlichen Bewegung zu geben,
- wenig Fernsehen, wenig PC-Beschäftigung, wenig Beschäftigung mit Spielekonsolen usw. durchzusetzen und Kindern Alternativen in der Freizeitbeschäftigung aufzuzeigen,
- zu wissen, was das Kind wann mit wem wo macht,
- selbst ein gutes Vorbild zu sein.

Wenn Eltern dies alles vor der Pubertät gelingt, dann haben sie all das getan, was ihrem Kind hilft, diese schwierige Entwicklungsphase gut durchzustehen. Und wenn es doch drunter und drüber geht: Holen Sie sich professionelle Hilfe, so früh wie möglich!

7

Schutzfaktoren außerhalb der Familie

Regen Sie in Ihrem Wohnort die Einrichtung eines »*sozialen Tisches*« an, an dem Teilnehmer aus dem Amt für Soziale Dienste (Jugendamt), aus Kommunalverwaltung, Kindergärten, Schulen, Beratungsstellen, Kirche und Polizei zusammenarbeiten. Eine solche Einrichtung könnte verschiedene soziale Projekte ins Leben rufen, wie kommunale Jobvermittlungsprojekte, Familienpatenschaften, zum Beispiel auch für ausländische Familien, Schüler- und Kindergartenbetreuung am Nachmittag oder Tagesgruppen, in denen Kinder und Jugendliche mit Verhaltensproblemen professionelle Betreuung erfahren.

Regen Sie in Ihrer Gemeinde oder Stadt eine *Wohnungsbaupolitik* an, die versucht, Gettosituationen abzubauen, damit Kinder sozial bedürftiger deutscher und ausländischer Familien nicht mehr so häufig in engen Wohnungen mit nicht kindgerechtem Wohnumfeld leben müssen.

Sprechen Sie die Betreuungspersonen darauf an, ob im jeweiligen Kindergarten *soziale Kompetenztrainings* (zum Beispiel »Faustlos«, Cierpka 2004, oder »B.A.S.E.«, Brisch 2007) oder in der jeweiligen Schule *Antigewaltprogramme* und Antimobbingprogramme (Smith 1994, Olweus 1996, Limmer u.a. 1997, Petermann u.a. 1997, Cierpka 2004, Krowatschek 2006) durchgeführt werden. Derartige Programme sollten Standard an jedem Kindergarten und an jeder Schule sein.

Nehmen Sie an regelmäßigen *Elternkursen* zu den Themen »Erziehung« und »Beziehung« teil (Penthin 2005a, 2005b, 2007). Solche pädagogisch oder psychologisch geleiteten Gesprächsgruppen für Eltern können eine wichtige begleitende Unterstützung für Sie sein. Sollten derartige wohnortnahe Gesprächskreise nicht existieren, so nehmen Sie Kontakt zur wohnortnahen Sozialstation, zur Kommunalverwaltung, zur Kirchengemeinde oder Familienbildungsstätte auf, um derartige Einrichtungen anzuregen. Für *alle* Eltern sehr empfehlenswert ist auch ein kompaktes, nur wenige Wochen dauerndes *Elterntraining*, zum Beispiel das in der »Elternwerkstatt Probstei« entwickelte Konzept»… Eltern sein dagegen sehr« (Penthin 2007) oder das in den letzten Jahrzehnten in Australien entwickelte Triple-P-Elterntraining der positiven Erziehung (Sanders u.a. 2000). Mittlerweile gibt es eine ganze Reihe von Elterntraining-Konzepten. Besonders hilfreich sind jedoch die Angebote, bei denen Eltern konkrete Lösungen für ihre Probleme erarbeiten und ausprobieren können. Das ist in den oben genannten Konzepten der Fall.

Setzen Sie sich dafür ein, dass an den Schulen ein Fach wie »*Medienerziehung*«, in dem die Kinder lernen, sinnvoll mit Fernseher, Video und Computer umzugehen, eingerichtet wird. Setzen Sie sich dafür ein, dass in den Schulen ein Fach wie »Elternschaft lernen« (Limmer/Heidenreich 1999) eingerichtet wird, in dem Kinder und Jugendliche lernen können, sich mit ihrer später vielleicht auf sie zukommenden Rolle als Eltern auseinanderzusetzen.

Setzen Sie sich für die Einrichtung *drogenfreier Jugendzentren oder Ganztagsschulangebote* ein, in denen Kindern und Jugendlichen viele soziale, ökologische oder künstlerische Aktivitäten angeboten werden. Versuchen Sie Ihr Kind zu motivieren, *Hobbys* (Musik, Sport, Jugendfeuerwehr, Theatergruppe, Ökoprojekte, soziale Hilfsprojekte und Ähnliches) zu entwickeln, damit Ihr Kind außerhalb von Schule und Elternhaus etwas hat, wofür es sich begeistern kann. Ein derartiges Hobby kann auch gerade in der Pubertät für Ihr Kind eine wichtige, Halt gebende Stütze sein. Besprechen Sie mit Ihrem Kind die Möglichkeit, ein *freiwilliges soziales Jahr* zu durchleben. Dadurch lassen sich Werte wie Einfühlungsvermögen, Hilfsbereitschaft und Verantwortungsbewusstsein festigen.

Und wenn Sie verzweifelt, ratlos und hilflos in Bezug auf sich selbst, auf Ihre Partnerschaft oder im Umgang mit Ihren Kindern sind, so müssen Sie sich *professionelle Hilfe* holen. Ebenso brauchen Sie und Ihr Kind Hilfe, wenn Ihr Kind schon eine aggressive Verhaltensstörung entwickelt hat. Hilfe erhalten Sie bei Erziehungsberatungsstellen, beim Amt für Soziale Dienste (Jugendamt), beim Kinderarzt, beim Kinderpsychiater oder Kinderpsychologen, beim Kinderschutzbund, beim Frauenhaus, bei Suchtberatungsstellen, bei der Polizei oder bei der Kirchengemeinde Ihres Wohnortes und vielen anderen Beratungsstellen. Nur gemeinsam können wir es schaffen, unsere Kinder in einer friedfertigeren Atmosphäre heranwachsen zu lassen und dadurch unsere Gesellschaft mittelfristig wieder mitmenschlicher und gewaltärmer zu machen. Packen wir es an!

8

Anhang

Hilfreiche Fragen für Eltern

Wenn Sie möchten, beantworten Sie die folgenden Fragen für sich. Sie können auch immer wieder im Buch nachsehen, ob dort eine Hilfe beschrieben ist, mit der Sie etwas anfangen können. Wenn Sie diese Fragen beantwortet haben, sollten Sie Ihren Partner/Ihre Partnerin ebenfalls bitten, diese Fragen zu beantworten.

- Welche Probleme im Alltag haben Sie mit Ihren Kindern (zum Beispiel Aggressivität, Ungehorsam, Probleme mit anderen Kindern, Sprachprobleme, Bewegungsprobleme, Konzentrationsprobleme, Unruhe, Wutausbrüche, Probleme im Tagesablauf usw.)?
- Welche Probleme belasten sonst Ihren Lebensalltag (zum Beispiel Gesundheitsprobleme, psychische Probleme, Partnerschaftsprobleme, Probleme auf der Arbeitsstelle usw.)?
- Welche Ursachen sehen Sie für die Probleme mit Ihren Kindern (Veranlagung, Temperament, Entwicklungsprobleme, Schwierigkeiten in der Erziehung [sind Sie zu inkonsequent oder zu streng?], Probleme in der Familie usw.)?
- Welche positiven Seiten erkennen Sie bei Ihren Kindern (zum Beispiel Schmusebedürfnis, Hilfsbereitschaft, Selbstständigkeit, besondere Fertigkeiten usw.)?

- Wie können Sie lernen, die positiven Seiten Ihrer Kinder besser zu sehen und den Kindern sofort zu sagen, wenn Sie sich über Ihr Kind freuen (zum Beispiel Tagebuch über die schönen Erlebnisse des Tages und über die positiven Seiten, die Sie an Ihrem Kind entdeckt haben, schreiben usw.)?
- Wie können Sie die positiven Seiten Ihres Kindes stärken (zum Beispiel durch Lob in der positiven Situation, Ermutigung, Zuwendung in der positiven Situation geben, Anleitung, Vorbild, Punktepläne usw.)?
- Wie können Sie die Beziehung zu Ihrem Kind verbessern? Zum Beispiel durch tägliche schöne gemeinsame Zeit (täglicher warmherziger Körperkontakt, tägliche Gespräche usw.), durch Beachtung der positiven Kommunikationsregeln usw.
- Was können Sie Gutes für sich selber tun? (Zum Beispiel tägliche Pausen, Sport, Hobbys, abendliches Ausgehen usw.)
- Wie können Sie den Tagesablauf in Ihrer Familie klarer und besser gestalten? (Zum Beispiel konkreten Tagesplan erstellen für alle Familienmitglieder, Aufgaben für alle, jeder hilft mit usw.)
- Welche Regeln für das Zusammenleben sind Ihnen wichtig? (Zum Beispiel freundlicher Umgang, einander helfen, jeder erledigt seine Aufgaben, jeder hält sich an den Tagesplan usw.)
- Wie können Sie die Regeln einfordern und Grenzen setzen? (Zum Beispiel durch klare Botschaften, logische Konsequenzen, Auszeit, paradoxe Interventionen usw.)
- Welche fairen, logischen Konsequenzen könnten Sie in welchen Situationen eintreten lassen? (Zum Beispiel erst spielen, wenn die Hausaufgaben erledigt sind, Fernseher wird ausgemacht, wenn Ihr Kind Ihnen nicht zuhört usw.)

Spiele mit kleineren Kindern

Fingerspiele und Singspiele im ersten Lebensjahr

Mit den Fingern kann man streicheln, behutsam kitzeln (sodass es nicht unangenehm für das Kind ist), man kann die Finger auf dem eigenen Körper oder dem Körper des Kindes »spazieren« lassen und dazu kleine, selbst erfundene Geschichten oder kleine Reimgeschichten zu Fingerspielen erzählen, zum Beispiel:

»Geht ein Mann die Treppe rauf (Finger krabbeln den Arm hinauf), klingelt (zupft am Ohrläppchen), klopft an (pocht sachte gegen die Stirn), guten Tag, Herr Nasenmann (kitzelt an der Nase).«

»Das ist der Daumen, der schüttelt die Pflaumen, der hebt sie auf, der bringt sie nach Haus, und der Kleine, der isst sie alle, alle auf.« (Jeder Finger bekommt eine Aufgabe.)

Oder Sie singen Lieder, zum Beispiel:»Wie das Fähnchen auf dem Turme sich kann dreh'n bei Wind und Sturme, so soll sich mein Händchen dreh'n, dass es eine Lust ist anzusehen.« (Dabei bewegen die Eltern ihre eigene Hand mit drehenden Bewegungen, das Kind wird zum Nachahmen motiviert.)

Fingerspiele und Singspiele im zweiten und dritten Lebensjahr

Mit der ganzen Hand kann man»Puppenspiele« machen, es können verschiedene Tiere geformt werden, die sprechen, die sich fangen, die sich beißen usw.

Ebenso können mit der ganzen Hand Schattenspiele gemacht werden, was Kinder sehr gerne mögen. Man kann die

Schatten größer und kleiner werden lassen. Dazu kann man als Eltern oder zusammen mit dem Kind Geschichten erfinden.

Eine weitere Möglichkeit sind kleine Reimgeschichten mit rhythmischem Klatschen, zum Beispiel: »Backe, backe Kuchen, der Bäcker hat gerufen. Wer will guten Kuchen backen, der muss haben sieben Sachen: Eier und Schmalz, Butter und Salz, Milch und Mehl, Safran macht den Kuchen gel.« (Im Handumdrehen lernen Kinder dabei auch noch, wie ein Kuchenteig entsteht. Man kann besprechen, dass man heute eher anderes Fett als Schmalz nimmt, und erklären, was Safran ist. Man kann dann auch gemeinsam einen Kuchen backen.)

Ein Beispiel für Singspiele ist: »Große Uhren machen Tick-Tack, Tick-Tack, kleine Uhren machen ticktack, ticktack, ticktack, ticktack und die kleinen Taschenuhren: ticketacketicketacketicketacketick«. (Dabei können Finger, Hände und Kopf unterschiedlich schnell im jeweiligen Uhrenrhythmus bewegt werden. Man kann besprechen, dass früher alle Uhren diese Geräusche machten, Unterschiede zwischen Zeigeruhren und Digitaluhren erklären, Interesse für Zahlen wecken usw.)

Spiele ab drei Jahren

Kinder raufen gerne, vor allem Jungen. Tägliches Raufen mit Mutter oder Vater nach klaren und fairen Regen (hauen, kratzen, kneifen, beißen, treten sind verboten und »stopp« heißt auch wirklich aufhören!) führt dazu, dass Aggressionen abgebaut werden, dass Selbstbewusstsein gestärkt wird, dass Kinder lernen, ihre Kräfte besser einzuschätzen und sich in der spielerischen Auseinandersetzung an Regeln der Fairness zu halten. Diese Spiele können in verschiedenen Variationen gespielt werden (Fechten mit Zeitungsschwertern, auf einem

Bein hüpfend versuchen, den »Gegner« aus dem »Ring« zu drängen, Rücken an Rücken sitzend versuchen, sich gegenseitig aus dem »Ring« zu drängen).

Hüpfspiele (Hüpfekästchen, Hampelmann), Kriech- und Krabbelspiele, Balancierspiele, Werfspiele (mit Bällen), Fangen – es gibt unzählige Spiele, auch alte Spiele, die man in kleinen Gruppen spielen kann, die auch Eltern mit ihren Kindern spielen können, die nichts kosten, Spaß machen, das Körperempfinden und die Bewegungsfähigkeit schulen (Berner/Jacoby 2005, Bücken 2004, s. unten), die man sich natürlich auch selbst ausdenken kann. Gerade die tägliche schöne gemeinsame Zeit kann nicht nur für das gemeinsame Gespräch, für gemeinsames Kuscheln, Vorlesen oder Geschichtenerzählen usw. genutzt werden, sondern auch eine Gelegenheit für gemeinsames Spielen zwischen Eltern und Kindern sein. Wichtig bei der schönen gemeinsamen Zeit ist, dass das, was man gemeinsam macht, auch Eltern und Kindern gefällt.

Gesellschaftsspiele, Kartenspiele, Basteln, gemeinsames Musizieren und gemeinsam Sport treiben, können mit zunehmendem Alter der Kinder an Bedeutung gewinnen.

Buchauswahl

Arndt, Marga u.a. (2009): *Das ist der Daumen Knudeldick. Über 500 Fingerspiele und Rätsel.* Ravensburg: Ravensburger

Austermann, Marianne; Wohlleben, Gesa (2009): *Zehn kleine Krabbelfinger auf Entdeckungsreise. Mein erstes Jahr auf dieser Welt. Lieder, Spiele, Tipps und vieles mehr.* München: Kösel, 5. Aufl.

Berner, Rotraut S.; Jacoby, Edmund (2005): *Himmel, Hölle, Blindekuh. Kinderspiele für drinnen und draußen.* München: dtv

Bücken, Hajo (2004): *Kinderspiele aus der guten alten Zeit.* Fränkisch-Crumbach: Edition XXL

Stöcklin-Meier, Susanne (2007): *Eins, Zwei, Drei – Ritsche, Ratsche, Rei. Kinderspielverse zum Lachen, Hüpfen und Tanzen.* München: Kösel, 3. Aufl.

Tägliche Entwicklungsförderung durch Eltern

Kinder können und müssen in ihrer Entwicklung begleitet und gefördert werden. Dies ist gerade in den ersten Lebensjahren eine wichtige elterliche Aufgabe, die uns vom ersten Lebenstag zufällt. Die kindliche Entwicklung kann in den verschiedenen Bereichen unterstützt werden:

● Bewegung und Motorik
● Feinmotorik
● Sprache
● Geistige Entwicklung
● Lernbereitschaft (Konzentration, Ausdauer, Motivation)
● Soziales Verhalten
● Selbstbewusstsein

Kinder, die in der Entwicklung dieser Bereiche unterstützt werden, tun sich später leichter, mit anderen Menschen auszukommen und in der Schule gut mitzukommen.

Spielerische tägliche Förderung der Grobmotorik

● *spielen lassen außerhalb des Hauses* im Garten, auf Wiesen, im Wald (klettern, laufen, springen, balancieren usw.)

- Besuch einer altersangemessenen *Sportgruppe* (Kinderturnen, Tanzen, Ballsport usw.)
- täglich gemeinsame *häusliche Übungen als Spiel* von Eltern und Kind, zum Beispiel Einbeinstand (fünf bis zehn Sekunden), auf einem Bein hüpfen können (fünf- bis zehnmal), Schlusssprung (Sprung mit geschlossenen Beinen), rückwärts gehen, Ball werfen und mit beiden Händen fangen
- Überkreuzbewegungen ausführen (Indianertanz: linker Ellbogen zu rechtem Knie, rechter Ellbogen zum linken Knie)

Spielerische tägliche Förderung der Feinmotorik

- gemeinsames *Basteln* (schneiden mit der Schere, Umgang mit Klebstoff)
- *malen und zeichnen*: Bildergalerie (ein Tagesbild malen, welches aufgehängt und nach einer Weile in den Bilderordner des Kindes abgeheftet wird), Stifthaltung
- *Helfen im familiären Alltag* (Dernick 2009): abwaschen und abtrocknen, Gemüse schälen und zerteilen, bei Reparaturarbeiten helfen, Brot schmieren, Kekse backen

Spielerische tägliche Förderung der Denk- und Wahrnehmungsfähigkeiten

- *Eigenschaften erkennen*: Dinge nach Größe, Farbe, Form, Länge, Eigenschaft ordnen, zum Beispiel Helfen beim Zusammenlegen und Ordnen der Wäsche usw. (Dernick 2009)
- *Mengenvergleich, Zählfertigkeit*: Umgang mit Mengen und Zahlen fördern, die uns im Alltag begegnen (zum

Beispiel Bäume, Autos, Hunde beim Spazierengehen zählen usw.)

- *Richtungen angeben*: den Weg vom Supermarkt nach Hause finden (das Kind fragen: Wohin müssen wir fahren/laufen, um nach Hause zu kommen? Zunächst nur ab einer Straßenecke vor zu Hause fragen, dann schrittweise die Schwierigkeit steigern) oder Tisch decken (Messer rechts, Gabel links, Becher rechts mit Henkel nach rechts)
- *musischer Bereich* (täglich singen, tanzen, reimen): Töne und Melodien aufnehmen und wiedergeben, Liedtexte merken, Musik und Bewegung koordinieren, Rhythmen erkennen und wiedergeben, Differenzierung von Geräuschen
- *Einkaufen im Supermarkt*: Dafür muss man hinhören, behalten, sich räumlich orientieren, suchen. Und man darf sich nicht ablenken lassen!

Spielerische Förderung der Sprachkompetenz

- tägliche *Erzählzeit* (das Kind kann über Erlebnisse berichten, die Eltern berichten über ihr Erlebtes)
- tägliche *Vorlesezeit* (zuhören, konzentrieren, anschließend das Gehörte besprechen, das Kind gibt eine kurze Zusammenfassung)
- *Lieder* singen, *Gedichte* vorlesen und wiedergeben, *Reime* selbst erfinden, *Geschichten* selbst erfinden
- Schon im ersten Lebensjahr bei jeder sich bietenden Gelegenheit mit dem Baby *sprechen*. Begleiten Sie das, was Sie tun, mit Sprache, erzählen Sie Ihrem Kind, was Sie gerade machen, zum Beispiel: »Jetzt hole ich einen Kochtopf, da kommt Wasser rein, ich wasche die Kartoffeln ...«

- bei *Fehlern in der Aussprache oder in der Grammatik*: nicht verbessern, sondern mit eigenen Worten korrekt wiederholen, zum Beispiel Kind:»… das hab ich getut«, Mutter: »… ach so, das hast du getan.«

Achtung: *Fernsehen und Bildschirmmedien* (PC, Spielekonsolen, Bildschirmspielzeug etc.) können Ihr Kind in der Sprachentwicklung, der motorischen und geistigen Entwicklung beeinträchtigen. Daher: *Bildschirmbeschäftigungszeiten* vereinbaren (Fernsehen, PC, Spielekonsolen etc. alles zusammengenommen): In den ersten vier Lebensjahren am besten gar nicht, mit fünf bis sechs Jahren höchstens 30 Minuten am Tag, im Grundschulalter höchstens eine Stunde am Tag, später höchstens zwei Stunden am Tag. Achten Sie auf altersgemäße Inhalte! Außerdem: Für jede Stunde vor einem Bildschirm sollte sich Ihr Kind noch am gleichen Tag eine Stunde körperlich bewegen (draußen spielen, Fahrrad fahren, Sport treiben usw.).

Soziale Fertigkeiten erwerben

- Helfen Sie Ihrem Kind, *Kontakte* zu knüpfen (Hobbys unterstützen, Kindergartenbesuch, Sportgruppen usw.).
- Spielen Sie altersangepasste *Gesellschaftsspiele* (»Mensch ärgere dich nicht«, Würfelspiele,»Memory« usw.). Kinder können dabei gut das Gefühl zu verlieren ertragen und den damit verbundenen Frust und die Aggression steuern lernen (Übung macht auch darin den Meister). Kinder können aber auch lernen, sich mit anderen über deren Erfolg zu freuen.
- Übertragen Sie Ihrem Kind altersangemessen *Aufgaben und Verantwortung im Haushalt* (Tisch auf- und abdecken, beim Sortieren der Wäsche und beim Kochen helfen, Müll

rausbringen, Zimmer aufräumen usw.). Dadurch lernen Kinder, dass es ein schönes Gefühl sein kann, anderen zu helfen, und dass die Arbeit anderer besser geschätzt wird (Einführung im Familienrat). Loben Sie Ihr Kind für seine Hilfe. Auch bei Selbstverständlichkeiten freuen sich Menschen immer wieder, wenn man ihnen sagt, dass man ihre Hilfe schätzt.

● *Bereden Sie jeden Tag mit Ihrem Kind*, was Sie schön fanden, was Ihr Kind schön fand, was Sie an Ihrem Kind gut fanden, was Ihr Kind an anderen Menschen gut fand.

Literaturverzeichnis

Baier, Dirk (2009):»Wird die Jugend immer gewalttätiger?«
In: *Kinderärztliche Praxis. Soziale Pädiatrie und Jugendmedizin*, 80, S. 28–32

Braecker, Solveig; Wirtz-Weinrich, Wilma (1994): *Sexueller Missbrauch an Mädchen und Jungen*. Weinheim: Beltz

Brisch, Karl Heinz (2007):»Prävention von emotionalen Bindungsstörungen«. In: Suchodoletz, Waldemar von (Hrsg.): *Prävention von Entwicklungsstörungen*. Göttingen: Hogrefe

Brügelmann, Hans (2005): *Schule verstehen und gestalten*. Lengwil: Libelle

Cierpka, Manfred (2004): *FAUSTLOS. Gewaltprävention durch Förderung sozial-emotionaler Kompetenzen*. www. faustlos.de

Deegener, Günther (2004):»Von der Erziehungsgewalt zur gewaltfreien Erziehung«. In: *Pädiatrische Praxis* 6, S. 418–427

Dernick, Rupert (2009): www.familienergo.de

Döpfner, Manfred u.a. (1997): *Therapieprogramm für Kinder mit hyperkinetischem und oppositionellem Problemverhalten. (THOP)*. Weinheim: Beltz, Psychologie Verlags Union

Ennemoser, Marco; Schneider, Wolfgang (2009):»Fernsehen im Kindesalter«. In: *Monatsschrift Kinderheilkunde*. Vol. 157, S. 423–432

Grünke, Matthias (2006):»Zur Effektivität von Fördermethoden bei Kindern und Jugendlichen mit Lernstörungen«. In: *Kindheit und Entwicklung*. Vol. 15, S. 239–254

Horacek, Ulrike u.a. (2008).»Qualitätskriterien zur institutionellen Betreuung von Kindern unter 3 Jahren«. In: *Kinderärztliche Praxis*. 79, S. 312–316

Jenni, Oskar (2009):»Säuglingsschreien und Schlaf-Wach-Regulation«. In: *Monatsschrift Kinderheilkunde*. Vol. 157, S. 551–557

Krowatschek, Dieter und Gita (2006): *Mobbing erfolgreich beenden.* Lichtenau: AOL

Limmer, Christa u.a. (1997): *88 Impulse zur Gewaltprävention.*
Kiel: AKJS

Limmer, Christa; Heidenreich, Harald (1999): *Elternschaft lernen.* Kiel: AKJS

Mattejat, Fritz; Remschmidt, Helmut (2008): »Kinder psychisch kranker Eltern«. In: *Deutsches Ärzteblatt.* Jg. 105.
Heft 23, S. 413–418

Mößle, Thomas (2009): »Wer spielt was? Medienkonsum bei
Kindern und Jugendlichen – Ergebnisse der KFN-Schüler-
befragung 2005«. In: *Kinderärztliche Praxis.* 80, S. 14–21

Moffitt, Terrie E. u.a. (2002): »Males on the life-course-persistent
and adolescent-limited pathways: follow-up at age 26 years«.
In: *Development and Psychopathology.* Vol. 14, S. 179–207

Olweus, Dan (1996): *Gewalt in der Schule.* Bern: Hans Huber

Omer, Harim; Schlippe, Arist von (2008): *Autorität ohne Gewalt.* Göttingen: Vandenhoeck & Ruprecht

Penthin, Rüdiger u.a. (2005): *Pubertät. Konzepte und Arbeitsmaterialien zur pädagogischen Elternschulung.* Weinheim:
Juventa

Penthin, Rüdiger u.a. (2005a): »Erfahrungen mit der deutschen Version des Triple-P-Elterntrainings bei Familien
mit und ohne ADHS-Problematik«. In: *Zeitschrift für Heilpädagogik*, 56, S. 186–192

Penthin, Rüdiger u.a. (2005b): »… Eltern sein dagegen sehr«
– Ein Gruppenelterntraining für Familien mit und ohne
ADHS-Problematik«. In: *Kinder- und Jugendmedizin.* Vol.
5, S. 309–315

Penthin, Rüdiger (2007): *… Eltern sein dagegen sehr. Konzepte
und Arbeitsmaterialien zur pädagogischen Elternschulung.*
Weinheim: Juventa, 3. Aufl.

Petermann, Franz u.a. (1997): *Sozialtraining in der Schule.*
Weinheim: Beltz, Psychologie Verlags Union

Petermann, Franz (2004):»Aggressives und oppositionelles Verhalten von Kindern«. In: *Kinder- und Jugendarzt*. Jg. 35, S. 279–284

Prekop, Jirina (2006): *Der kleine Tyrann*. München: Goldmann

Reck, Corinna (2008):»Depressionen und Angststörungen im Peripartalzeitraum«. In: *Nervenheilkunde*. Vol. 27, Heft 6, S. 499–505

Remschmidt, Helmut; Walter, Reinhard (2010):»Was wird aus delinquenten Kindern?«. In: *Deutsches Ärzteblatt*. 107, S. 477–483

Sanders, Matthew R. (1999):»The Triple-P-Positive Parenting Program«. In *Child and Family Psychology Review*. Vol. 2, S. 71–90

Sanders, Matthew R. (2000): *Positive Erziehung*. Münster: Verlag für Psychotherapie

Schenk-Danzinger, Lotte (1993): *Entwicklung, Sozialisation, Erziehung. Schul- und Jugendalter*. Stuttgart: Klett-Cotta

Schenk-Danzinger, Lotte (1998): *Entwicklung, Sozialisation, Erziehung. Von der Geburt bis zur Schulfähigkeit*. Stuttgart: Klett-Cotta

Schick, Andreas; Cierpka, Manfred (2005):»Faustlos – Förderung sozialer und emotionaler Kompetenzen in Grundschule und Kindergarten«. In: *Psychotherapie, Psychosomatik, Medizinische Psychologie*. Jg. 55, Ausgabe 11, S. 462–468

Schlack, Robert; Hölling, Heike (2008):»Gewalterfahrungen von Kindern und Jugendlichen. Ergebnisse der KiGGS-Studie«. In: *Kinderärztliche Praxis*. 79, S. 223–228

Smith, Charles A. (1994): *Hauen ist doof*. Mülheim: Verlag an der Ruhr

Spitzer, Manfred (2009a):»Gemütlich dumpf«. In: *Nervenheilkunde*. Vol. 28, Heft 6, S. 343–346

Spitzer, Manfred (2009b):»Zur Neurobiologie der Adoleszenz«. In: Fegert, Jörg Michael u.a. (Hrsg): *Adoleszenzpsychiatrie*. Stuttgart: Schattauer

Spitzer, Manfred (2010): »Schenken Sie doch – schlechte Noten«. In: *Nervenheilkunde.* 29, S. 263–266

Stadler, Christina u.a. (2007): »Sozio-moralisches Denken bei Jungen mit einer Störung des Sozialverhaltens«. In: *Zeitschrift für Kinder- und Jugendpsychiatrie und Psychotherapie.* Vol. 35, S. 169–178

Vloet, Timo D. u.a. (2006): »Ätiologie und Verlauf kindlichen dissozialen Verhaltens«. In: *Zeitschrift für Kinder – und Jugendpsychiatrie und Psychotherapie.* Vol. 34, S. 101–115

Wertfein, Monika (2006): *Emotionale Entwicklung im Vor- und Grundschulalter im Spiegel der Eltern-Kind-Interaktion.* Dissertation. Ludwig-Maximilians-Universität München

Winterstein, Peter; Jungwirth, Robert J. (2006): »Medienkonsum und Passivrauchen bei Vorschulkindern«. In: *Kinder- und Jugendarzt.* Jg. 37, S. 205–211

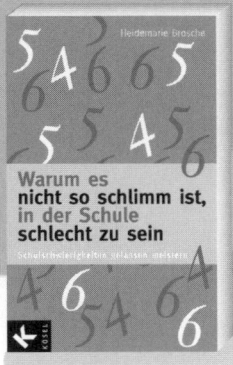